세계화의
단서들

세계화의
단서들

비주얼
경제사
3

경제학자가 그림으로 읽어낸
인류의 경제 문화사

송병건
지음

아트북스

○

옛 그림을 경제사의 관점에서 읽다

우리는 과거 어느 때보다 양적으로 풍부하고 질적으로 다양한 그림과 사진을 접하면서 살고 있다. 가히 비주얼의 시대라 불러도 좋을 만큼 자료가 넘친다. 미술관과 박물관의 전시품과 도록을 넘어서 신문과 잡지에서, 백화점과 동네 마트의 홍보물에서, 지하철과 버스의 광고판에서, 그리고 끝을 알 수 없이 거대한 인터넷 공간 여기저기에서 우리의 눈길을 사로잡는 비주얼한 자극이 흘러넘친다. 이 많은 그림과 사진이 도대체 그동안 어디에 파묻혀 있다가 한꺼번에 뛰쳐나왔는지 의아할 정도다.

그런데 동일한 그림이나 사진을 보더라도 사람들이 머리에 떠올리는 것은 동일하지 않다. 보는 사람의 취향이나 순간적 기분에 따라, 그리고 좀더 깊게는 관심 영역이나 전공 분야에 따라 매우 상이한 주제로 마음이 흘러가기 마련이다. 예를 들어 다음 그림을 보자. 미국 작가 프레

프레더릭 처치, 「빙산」, 1891년

더릭 처치Frederic Church, 1826~1900가 19세기 말에 그린 「빙산」이라는 작품이다. 이 그림을 보면 무엇이 떠오르는가? 과학자는 '얼음과 바닷물의 비중 차이로 인해 수면 위로 보이는 부분보다 아홉 배나 큰 부분이 물속에 잠겨 있겠군'이라고 생각할지 모른다. 환경문제에 관심이 많은 사람이라면 '이 빙산이 지구온난화로 인해 얼마나 빠른 속도로 작아질까'라는 질문을 던질 수도 있다. 영상 효과에 관심이 많은 영화감독이라면 '화면을 압도하는 거대한 빙산과 자그마한 선박의 대조가 뛰어나네'라고 감탄할지 모르고, 색감에 밝은 디자이너라면 '선박의 돛과 하늘의 색깔이 매치가 잘되었군'이라고 느낄 수도 있다.

그렇다면 경제학자는 이 그림에서 무엇을 떠올릴까? 경제학 중에 서도 경제사, 즉 경제의 역사를 다루는 전공으로 먹고사는 사람에게 이 그림은 어떤 주제를 상기시킬까? 가장 먼저 '극지대를 배경으로 선박이 떠 있는 걸 보니 탐험이나 조사를 목적으로 출항한 배인가 보다'라고 생 각하게 된다. 그다음에는 '저 배는 무슨 목적으로 탐험이나 조사를 하는 걸까?'라는 궁금증이 생기고, '새 항로를 개척하려는 시도가 아닐까?'라 고 추측하게 된다. 항로로서의 가치가 있으려면 극지대 중에서 '남극해 는 아닐 테고 분명 북극해이겠구나'라는 생각으로 한걸음 더 나아간다. 이때 그림의 제작 연도가 1891년이라는 사실을 떠올리고는 '아, 북극항 로를 개척하려고 많은 사람들이 관심을 쏟던 시절이었지' 하고 고개를 끄덕인다. 그리고 마침내 '거대한 빙산을 배경으로 그린 이 낭만적 그림 은 사람들이 북극해가 열어줄 가능성에 주목하던 시대적 분위기를 반영 한 작품으로 볼 수 있겠지'라고 나름의 결론을 맺는다. '새 항로가 개척 된다면 얼마나 큰 경제적 이득을 가져올까?' 또는 '세계의 해운 판도에 어떤 변화가 발생할까?'라는 다음 질문으로 생각의 방향을 틀 수도 있 다. 어쨌든 이렇게 스스로 기특해하면서 구성한 추론과 도달한 결론이 실제 사실과 딱 들어맞으면 좋겠지만 늘 그럴 수는 없는 법이다. 때로는 실제와 아주 동떨어진 비역사적 상상의 세계에서 헤매게 된다. 그러나 이런 시행착오를 여러 차례 경험하다보면 점차 오차범위가 줄어든다. 그리고 그림과 경제사의 접점이 점점 뚜렷해진다.

경제사의 시각에서 그림은 '보는' 대상이 아니라 '읽는' 대상이다. 심미적 감상과 평가는 부차적 관심사다. 그보다는 그림이 어느 시기, 어떤 지역을 배경으로 제작된 것인지, 어떤 문제가 그 시대의 핫 이슈였는지에 주의를 기울인다. 또한 그림을 제작한 작가가 해당 주제에 대해 어떤 관점을 취했는지, 그래서 이런 관점이 작품에 어떻게 반영되었는지를 찾아본다. 그러고 나서 그림이 당시 사람들의 사고방식이나 생활양식에 관해 어떤 점을 알려주는지를 요리조리 숙고한다. 이렇듯 그림의 시대적 맥락을 캐고, 동시대인의 생활상을 재구성하고, 역사적 중요성을 평가해보는 것이 경제사적 그림 읽기의 핵심이다.

이 책은 특히 '세계화의 진화사'라는 관점에서 준비했다. 기나긴 역사를 통해 인간이 어떻게 자신이 속한 좁은 세계를 벗어나 낯선 지역, 낯선 사람, 낯선 문화와 접촉의 면을 넓혀왔는가를 탐구하는 작업이다. 그리고 이런 접촉의 경험이 축적되면서 인간의 삶이 어떤 변화를 맞이했는가를 추적하고자 했다. 구체적으로는 지난 2000여 년 동안의 인류사를 네 시대로 구분해 스물두 가지의 중요한 세계화 경험들에 대해 살펴보았다.

우선 1부 「고대와 중세」에서는 제국의 형성, 장거리 무역, 종교적 교류 등의 주제를 다룬다. 진시황의 중국 통일, 이슬람 세계의 팽창, 유럽 내륙 국제시장의 발달, 순례를 통한 교류, 염료 무역과 소비에 대해 이야기하고자 한다. 2부 「확장하는 세계」는 근대 초에 발생한 세계사적 변화들에 주목한다. 정화鄭和 원정대의 탐험, 콜럼버스의 교환, 세계적 기호음료의 등장, 국제적 금융버블, 북극항로 개척 시도, 서양 요리의 변천 과정을 살펴본다. 다음으로 3부는 18세기 이래 「산업사회의 형성」을 주제로 한다. 연금술과 과학의 발달, 장거리 수학여행, 계몽주의 사조와 산업혁명, 특허제도의 변천, 독일의 공업화 사례를 풀어간다. 마지막으로 4부는 「세계화의 시대」라는 제목으로 글로벌한 세계 질서가 형성되고 변화하는 과정을 추적한다. 오스트레일리아의 탄생 과정, 구아노 무역의 번영과 쇠퇴, 러시아혁명의 전개, 중국 대약진운동의 역사, 대기오염의 시기적 변화, 그리고 근대 올림픽의 역사에 대해 알아본다.

이상의 주제들을 살펴봄으로써 세계화가 어떤 시기적, 지역적 추세를 보였는지를 찾아보려고 한다. 그리고 이런 추세를 낳은 요인들에 대해 생각해볼 것이다. 생산과 무역은 어떻게 관련되었는지, 국가와 종교는 어떤 상호작용을 했는지, 자율과 강제는 어떤 상황에서 각각 잘 작동했는지, 협력은 언제 그리고 왜 갈등으로 바뀌었는지, 기술은 제도와 어떻게 영향을 주고받았는지, 사상은 경제 발전에 어떤 방식으로 기여했는지 등에 대해 생각해볼 기회가 되기를 바란다. 특히 세계화를 촉진하기도 하고 저해하기도 하는 여러 요인들, 즉 기술, 교육, 무역, 제도, 종교, 정복, 혁명, 환경 등에 대해 인간이 역사의 각 국면에서 어떤 태도를 취했는지를 주의 깊게 살펴보면 좋겠다. 이를 통해 세계화의 역사적 변화 과정에 대해 좀더 풍부하게 이해하는 데 도움이 되기를 바란다.

이 책은 앞서 출간한 『비주얼 경제사』(2015)와 『세계화의 풍경들』(2017)의 후속편이자 완결편에 해당한다. 하지만 앞서 나온 책들을 먼

하인리히 클레이의 스케치. 우리도 돋보기를 들이대고 단서를 찾아보자.

저 읽은 후 새 책을 읽어야 하는 체계로 저술한 것이 아니라 각각 독립성을 갖도록 구성했다. 따라서 어느 책을 먼저 읽을지는 상관이 없다. 앞선 책들과 마찬가지로 이 책도 각 장마다 그림에 얽힌 수수께끼로 시작된다. 가장 먼저 제시되는 그림을 이리저리 살펴보면 그 속에서 역사적 단서를 찾을 수 있을 것이다. 이 책은 전문적인 예술서가 아니므로 미술적 식견에 대한 부담을 가질 필요가 전혀 없다. 그저 '먼 과거에 대한 실마리를 그림 속에서 찾을 수 있을까?'라는 호기심만 있으면 된다. 내가 좋아하는 작가 하인리히 클레이Heinrich Kley, 1863~1945의 스케치가 보여주는 것처럼, 커다란 돋보기를 들이대고 각각 자신의 관점에서 역사의 단서를 찾아보려고 시도하는 것으로 충분하다. 여기서 하나의 단서가 잡히면 우리는 이를 출발점으로 경제사 이야기를 풀어갈 것이다. 경제사가 딱딱하고 지루하다는 선입견을 가지고 있다면 가볍게 던져버리고 편한 마음으로 책에 다가와주기를 바란다. 생각보다 보드랍고 생동감 넘치는 분야라고 느끼게 되기를 기대하며 이 책을 준비했다.

앞서 출간된 두 책과 마찬가지로 이 책도 『중앙SUNDAY』에 연재한 '비주얼 경제사'에서 출발했다. 지면의 제약을 벗어날 수 있게 되면서 이 책에는 연재 원고보다 그림과 사진을 절반 이상 늘려 담을 수 있었고 내용도 더욱 충실하게 보강했다. 여기에 「정화의 원정」「그랜드 투어」「구아노 무역」「대약진운동과 제사해」에 관한 글은 완전히 새로 쓰고 그림을 골라 책에 담았다. 이들을 포함함으로써 시대별로 중요한 사건들이 좀더 풍성하고 짜임새 있게 구성되었다고 믿는다.

이 책이 출간되기까지 많은 분들이 큰 도움을 주셨다. 우선 『중앙일보』의 정경민 디지털사업국장, 『중앙SUNDAY』의 김종우 편집국장과 김창우 에디터께서는 내가 '비주얼 경제사'를 연재하면서 다양한 주제를 자유롭게 표현할 수 있도록 도와주었다. SBS CNBC에서는 앞선 두 권을 기반으로 해서 「송병건의 그림 속 경제사」라는 TV프로그램을 제작해주었다. 좋은 기회를 주신 오동헌 본부장과 김유식 기획제작부장, 프로그램을 멋지고 알차게 만들어주신 허원준, 이석화 PD와 젊은 피 신미연 PD, 그리고 배려심 깊으신 이경희 작가께 마음 깊이 감사를 표한다. 프로그램을 시청한 후 유익한 조언과 격려를 해준 분들께도 고마움을 전한다. 이 책을 출간하면서 다시 한번 TV프로그램으로 제작해 방영할 예정인데, 그간의 조언이 큰 도움이 되리라 생각한다. 지난 수년 동안 여러 공공기관, 학교, 기업, 공부모임에서 그림으로 읽는 경제사를 주제로 강연을 할 기회를 가져왔다. 자리에 참석해서 함께 생각을 공유하고 의견을 나눠주신 많은 분들께도 감사한다. 늘 그래왔지만 내 직장의 동료 교수님들은 내게 관심과 호응을 아끼지 않으셨다. 가장 솔직하고 날카로운 평가를 해주는 여러 친구들도 빠뜨릴 수 없다. 이 모든 분들 덕분에 다른 관점에서 생각해보고 그 생각을 정교하게 가다듬을 수 있었다. '비주얼 경제사' 시리즈의 세번째 책을 멋들어지게 만들어준 아트북스에도 커다란 감사를 전한다. 많은 부러움을 살 만큼 훌륭하게 책을 만들어주신 편집, 제작, 마케팅 담당자 분들께 각별한 감사를 표하고 싶다. 마지막으로, 독자이자 비평가이자 아이디어 제안자로서 일인다역을 하는 아내와 청소년기를 씩씩하고 당당하게 완성해가는 딸내미에게 마음을 다해 고마움을 전한다.

2019년 5월
혜화동 연구실에서
송병건

차례

Fig. 3.

I.

고대와
중세

진시황,
제국 체제의
씨앗을 뿌리다

진시황과 분서갱유

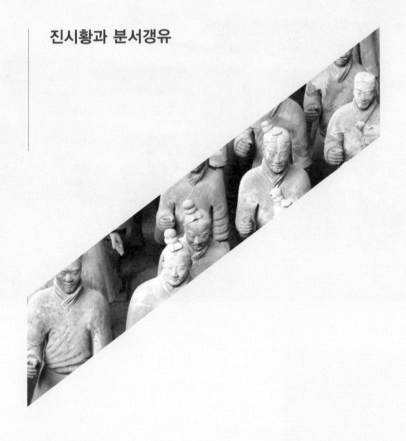

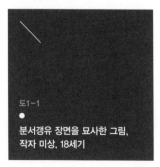

도1-1

분서갱유 장면을 묘사한 그림,
작자 미상, 18세기

중국의 궁궐에서 한 신하가 왕에게 문서를 바치고 있다. 대문 바깥에서는 시끌벅적한 소동이 벌어지고 있다. 한쪽에서는 수많은 서책이 불에 타고 있고, 다른 쪽에서는 무인들이 문인들을 강제로 밀어 구덩이에 빠뜨리고 있다. **이 그림은 어떤 역사적 사건을 묘사한 것일까? 그리고 역사적 사실과 다른 것은 무엇일까?**

 이 그림도1-1은 기원전 3세기에 일어난 분서갱유焚書坑儒를 묘사한 작품으로, 18세기에 제작되었다. 작자 불명의 이 그림은 중국 최초의 통일 제국인 진나라를 건설한 진시황의 통치 시절을 보여준다. 그중에서도 황제의 명령에 따라 수많은 서책을 불태우고 유학자들을 파묻어 죽인 사건을 묘사하고 있다. 용상에 앉아 있는 인물이 바로 진시황이다. 그리고 그에게 문서를 바치고 있는 사람은 외국 출신임에도 황제의 총애를 받아 승상의 지위에까지 올랐던 이사李斯라는 인물이다.

기원전 230년에 통일 왕조를 연 진나라는 기존의 봉건제를 대신해 중앙집권적 통치 체제인 군현제를 실시하고 법가를 통치의 이념적 기반으로 삼았다. 그런데 기원전 213년 유생들이 봉건제를 부활시키자고 주장하고 나서는 사건이 발생했다. 이사는 법가 사상에 기초해 유생들을 강력하게 비판하고 정치 체제에 비판적인 사사로운 서적을 모두 소각해야 한다는 주청을 황제에게 올렸다. 의학, 농업, 점복 등의 실용적 서적은 다행히 불길을 피할 수 있었지만 유가 사상과 관련된 수많은 서적들은 잿더미가 됐다. 이듬해에는 불로장생의 비약을 구해오겠다던 노생盧生과 후생侯生이라는 방사가 재물을 몰래 모으고 시황제를 비난한 후 종적을 감추는 사건이 터졌다. 격노한 진시황은 자신을 비방한 자들을 모두 잡아들이라는 명령을 내렸다. 결국 460명의 유생들이 체포돼 생매장되는 비극을 맞았다.

이 그림에는 시대적으로 맞지 않는 요소들이 몇 가지 있다. 첫째, 등장인물들이 착용한 복장은 진나라가 아니라 명·청대의 모습에 가깝다. 아마도 이 그림을 그린 18세기의 화가는 진나라 복식에 대해 충분히 알지 못해서 자신이 살던 시대의 옷차림을 참고해 그렸을 것이다. 현대의 복식사 연구자들에 따르면 진시황이 정무를 볼 때의 차림은 통상 그의 초상화도1-2에서 표현된 것과 같은 검은색의 곤복이었을 거라고 추측한다.

그림이 실제와 다른 두번째 요소는 바로 불에 타고 있는 서책들을 묘사한 부분이다. 여기에는 중요한 역사적 오류가 있는데, 그림에 묘사

도1-2 진시황의 초상화, 1850년경

도1-3 죽간으로 제작된 『공자시론』, 기원전 4세기경

된 종이책은 사실 진나라 때 존재하지 않았다. 중국 후한시대의 환관이었던 채륜蔡倫이 펄프를 이용해 종이를 만든 때가 2세기 초였고, 최근 연구에 따르면 기원전 2세기에 초보적인 형태의 종이가 제작되었다고 한다. 진시황 시절의 문서는 이와 달리 모두 죽간竹簡 형태였다.도1-3 죽간이란 종이가 발명되기 전에 글자를 기록하던 대나무 조각 또는 이를 엮

어서 만든 책을 말한다. 죽간을 만들기 위해서는 대나무의 마디를 잘라낸 다음 세로로 쪼개 평평한 부분에 글씨를 썼다. 그리고 이것을 끈으로 묶어 두루마리 형태로 만들었다.

복장과 서책이 진나라시대에 대한 지식 부족으로 인해 발생한 오류라면, 화가가 의도적으로 채택한 오류도 있다. 사건이 발생한 시간적 격차를 무시하고 하나의 그림에 사건과 관련된 내용을 한꺼번에 표현했다는 점이다. 이사가 주청을 올리고 난 후 이에 기초해 분서가 이루어졌고 그 이듬해에 갱유가 발생했다. 화가는 이 일련의 사건들을 하나의 그림 속에 담았다. 오늘날 카메라가 한 시점에서 바라본 피사체의 모습을 정지된 형태로 한 장면에 포착하는 것과 달리 과거의 그림은 역사적 사건의 흐름을 하나의 화폭에 모두 담는 방식을 취했다. 이렇듯 분서갱유를 묘사한 이 그림은 비의도적 및 의도적 오류들을 포함하고 있다.

분서갱유는 진시황이 얼마나 잔인한 인성을 지녔는지, 그리고 얼마나 가혹한 폭정을 펼쳤는지를 보여주는 대표적 사례로 흔히 거론된다. 이 주장은 어떻게 이해할 수 있을까? 진시황이 드러낸 냉혹성은 타고난 개인적 기질일 수도 있지만 젊어서부터 그가 지속적인 살해 위협 속에서 살았다는 사정과도 관련이 있다. 진시황이 겪은 수많은 암살 시도 가운데 가장 유명한 사례는 사마천의 『사기』「자객열전」편에 등장하는데, 바로 진나라에게 멸망한 위나라 출신의 형가荊軻라는 자객 이야기다. 아직 진나라가 주변국들과 전쟁을 벌이던 시절, 형가는 연나라에 살면서 훗날 진시황이 될 젊은 왕 영정嬴政을 암살할 방법을 찾고자 부심했다. 그는 영정에게 복수심을 품은 이들을 찾아다니며 자신의 뜻을 내비쳤다. 그들 가운데 번어기樊於期라는 인물이 있었다. 번어기는 자신의 목숨을 스스로 내놓음으로써 형가가 영정에게 가까이 다가갈 절호의 기회를 만들어주기로 했다.

아래 그림도1-4은 형가가 번어기의 잘린 목을 바친다는 명분으로 영정을 알현하는 결정적 순간을 묘사하고 있다. 오른쪽에 등장하는 영정은 왼쪽의 형가가 휘두른 비수에 옷소매만 잘릴 뿐 아슬아슬하게 몸을 피한다. 영정은 제국의 진귀한 보물인 벽璧, 즉 옥으로 만든 고리를 쥐고 있다. 영정의 발치에는 번어기의 머리가 들어 있는 상자가 뚜껑이 열린 채 놓여 있다. 다시 형가는 소매에서 단도를 꺼내 던졌으나 빗나가 그림 가운데 위치한 기둥에 박히고 만다. 이때 긴박한 상황을 목격한 한 의관

도1-4 진시황 암살 미수 사건을 묘사한 후한시대 석판 탁본, 3세기

I. 고대와 중세

이 급히 달려와 형가를 뒤에서 끌어안는다. 결국 형가는 영정과 신하들에게 제압당해 죽음을 맞는다. 후한시대에 제작된 이 석판은 간결하지만 무척 생동감 있게 진시황 암살 미수 사건의 현장을 재현하고 있다.

한편 분서갱유는 진시황이 유가 사상과 같은 이질적 가치관을 전혀 수용하지 않고 편협한 관점을 고집했다는 근거가 되기도 한다. 그런데 진시황의 여러 행적을 보면 이와 다른 모습을 찾아볼 수 있다. 거대한 통일 제국을 건설하기 위해서는 지역적 풍습과 관행을 뛰어넘어 광범위하게 통용될 수 있는 제도와 관습을 구축하는 작업이 필수적이다. 또한 전국에서 사람과 물자가 원활하게 이동하도록 만들고 이들을 단일한 시스템으로 통제하는 사회적 제도가 필요하다. 영정은 누구보다도 이를 잘 알고 있었다. 그렇기 때문에 그는 정복 전쟁 초기부터 초인적인 추진력을 발휘해 수많은 제도적 개혁에 힘을 쏟았다. 지역에 따라 차이가 많았던 한자를 통일했고, 둥근 모양에 네모난 구멍이 뚫린 반냥전이라는 단일 주화를 제작해 전국으로 유통시켰다. 수레바퀴의 폭을 포함해 도량형을 표준화했으며, 법가 사상에 기초해 생활을 규제하는 법률 제정에 힘썼다. 또한 간선도로인 치도馳道를 닦아 제국 전역을 연결했고, 대운하를 개축해 물류와 세정의 혁신을 이루고자 했다. 이러한 내용은 진시황이 자신의 업적을 기념하기 위해 세운 송덕비인 낭야대각석瑯邪台刻石도 1-5에서 확인할 수 있다. 그는 자신이 "도량을 통일하고 문자를 통일한 것"을 자랑스러워했고, "지방마다 다른 풍속을 바로잡고" "모두가 지켜야 할 표준을 알 수 있게 했다"고 자부했다.

도1-5 **진시황의 송덕비인 낭야대각석의 탁본**

　　때마침 한나라에서 수리 기술자들을 보내 진나라의 대규모 운하 개축사업을 돕게 됐다. 그런데 이것이 진나라의 국력을 소모시키려는 은밀한 계략이라는 소문이 번졌다. 이런 의혹이 점점 높아지자 영정은 마음이 흔들렸다. 외국 출신 신하들의 충성심에 대한 의심이 스멀스멀 번져갔고 영정은 결국 이들을 모두 추방한다는 축객령逐客令을 내렸

I. 고대와 중세

다. 한나라 출신의 젊은 신하였던 이사로서는 아찔한 위기 상황이 아닐 수 없었다. 그는 정신을 가다듬고 담대한 전략을 취했다. 축객령을 거두어야 한다는 주장을 담은 「간축객서諫逐客書」를 작성해 왕에게 올린 것이다. 이 문서에서 이사는 역사적으로 성공한 왕들이 공통적으로 외국 출신의 인재를 적극 영입해 활용했다는 예를 들며 왕을 설득하고 있다. 또한 왕실의 옥과 보물, 후궁의 미녀들이 원래 진나라에서 나온 것이 아니지 않느냐고 반문한다. 마지막으로 이사는 "태산이 거대한 것은 어떤 흙도 뿌리치지 않았기 때문이며, 바다가 깊은 것은 작은 물줄기도 가리지 않았기 때문"이라는 비유를 남겼다. 유능한 인재를 쫓아내는 행위는 오히려 외국의 힘을 키워 훗날 진나라를 위협하는 부메랑으로 작용할 것이라는 주장이었다. 결국 영정은 마음을 돌리게 된다. 출신지를 막론하고 인재를 선발해 적재적소에 활용하는 포용적 정책이 최선이라는 인식이 진시황의 마음에 뿌리내린 순간이었다. 이런 사례를 놓고 보면 진시황은 편협성에 갇혀 있었다기보다는 오히려 개방성을 갖춘 인물이 아니었나 싶다.

진시황은 엄청난 일벌레였던 것으로 알려져 있다. 그는 매일 120근에 달하는 죽간에 쓰인 공문을 처리했다. 또한 자신이 계획한 대로 제국이 잘 운영되고 있는지 확인하고자 10년 동안 다섯 차례에 걸쳐 광대한 영역을 순행했다. 진시황은 마지막 순행 도중에 병을 얻어 50세의 나이로 사망한다. 그리고 4년 후에는 그가 그토록 공들여 건설한 진 왕조도 역사 속으로 사라지게 된다. 하지만 진 왕조가 단명했다고 해서 진시황

도1-6 진시황릉 병마용갱에서 출토된 도용들

의 발자취가 함께 사라진 것은 아니다. 뒤이은 역사에서 중국은 일부 분열의 시기를 제외하고는 대대로 중앙집권적인 제국 체제를 유지했기 때문이다. 이는 유럽이 서로마제국의 붕괴 이후 수많은 분권적 세력으로 쪼개져 봉건 체제를 이룬 사실과 뚜렷한 대조를 이룬다. 동서양의 역사가 상이한 진화 과정을 경험하게 된 데에는 진시황의 영향이 그만큼 컸던 것이다. 중국 역사상 첫 통일 제국을 건설했을 뿐만 아니라 혈연적이고 개별적인 지역주의를 넘어서 광대한 영토에서 통용되는 제도적 기반을 구축했다는 점은 그가 남긴 가장 눈부신 업적이다. 진시황이 만성피로와 끊임없는 살해 위협에 시달리면서도 엄청난 추진력을 발휘해 이루고자 했던 것이 바로 제국 체제라는 새 질서였던 것이다. 이런 면에서 그는 역사의 경로를 바꾼 인물로 평가될 만하다.

마지막으로, 분서갱유는 진시황의 무자비한 폭정을 보여주는 명백한 증거라고 할 수 있을까? 자신의 뜻과 다른 사상을 담은 서책들을 불태우고 여러 유학자들을 구덩이에 파묻어 죽인 행위는 사상과 표현의 자유를 탄압한 행위로 볼 수 있다. 이것이 바로 분서갱유가 폭군의 편협성과 배타성을 드러낸 사건이라고 보는 전통적 해석이다. 그렇지만 반론도 제기된다. 진 왕조의 뒤를 이은 한漢 왕조의 입장에서 기술한 역사는 진나라의 통치가 실정투성이라고 폄하하는 경향이 강했다. 특히 유가 사상을 제국의 사상적 기초로 삼은 한나라의 관점에서는 부모를 핍박하고 토목공사에 백성을 대규모로 동원해 노역을 강요하며 유학에 대해 불편한 심사를 보였던 진시황을 긍정적으로 봤을 리 만무하다. 여기서 한 왕조의 편향된 평가가 분서갱유 사건에 덧씌워졌다는 주장이 등장한다. 실제로는 분서의 대상이 된 서책이 제한적이었고 갱유의 대상이 된 유생들이 대부분 백성을 현혹하던 모리배였을 뿐이라는 해석이 제기된 것이다. 이런 해석을 따르자면 결국 분서갱유는 진시황 치세 중의 작은 일화일 뿐이고 본질적인 부분과는 거리가 멀다는 얘기가 된다. 동아시아에서 대제국을 건설하고 사회경제적 통합의 씨앗을 뿌림으로써 광역적 세계화를 선도한 진시황의 행적을 놓고 본다면, 분서갱유를 그의 공과를 판단하는 최우선 기준으로 삼는 건 아무래도 지나치다고 생각할 만하다.

이슬람의 팽창이
농업기술을 확산시키다

이슬람 녹색혁명

도2-1
●
야코프 판 휠스동크,
「레몬, 오렌지, 석류가 있는 정물」,
1620~40년

중국풍 청화백자 그릇에 오렌지, 레몬, 석류가 탐스럽게 담겨 있다. 싱싱한 과육을 무척 실감나게 표현해 입에 침이 고일 지경이다. 이 과일들은 모두 원산지가 유럽이 아니다. **이들은 어떤 역사적 과정을 거쳐 유럽인의 식탁에, 그리고 훗날 세계인의 식탁에 오르게 된 것일까? 이들의 지리적 전파를 이끈 핵심 요인은 무엇이었을까?**

17세기에 주로 활동한 플랑드르 출신의 화가 야코프 판 휠스동크 Jacob van Hulsdonck, 1582~1647는 과일과 꽃을 소재로 한 정물화를 많이 그렸다. 이 그림도2-1은 과일과 그릇, 탁자의 표면까지 질감이 뛰어나게 표현되어 마치 손끝으로 만져보는 느낌이 들 정도다. 위에서 내려다본 각도로 그렸기 때문에 과일들이 시야에 가득 들어온다. 이 탐스러운 과일들은 언제, 어떻게 세계화됐을까?

오렌지와 레몬은 계통적으로 친척 관계다. 오렌지는 인도, 중국 혹은 동남아시아에서 처음 등장했고 기원전 2500년경 중국에서 최초로 재배됐다고 알려져 있다. 레몬도 오렌지와 원산지가 비슷하다. 레몬은 2세기 무렵 로마제국에 전해졌다고 하나 그다지 많이 재배되지는 않았다. 오렌지가 유럽에 전해져 본격적으로 재배되기 시작한 것은 9세기 시칠리아와 10세기 스페인 남부에서다. 레몬은 11세기경 지중해 연안으로 소개되었고 15세기 이탈리아 제노바에서 본격적으로 재배되기 시작했다. 한편 석류는 이란과 북인도가 원산지인데 이미 수천 년 전부터 아시아 전역에서 자라고 있었다. 실크로드와 바닷길을 따라 퍼진 결과라고 추정된다. 유럽에서는 스페인 남부 안달루시아 지방의 중심도시 그라나다Granada가 석류와 관계가 깊다. 이슬람 세력인 무어인들이 이베리아 반도까지 올라왔을 때 석류를 뜻하는 스페인어 그라나다를 이 도시의 이름으로 붙였다고 전해진다. 군사적 방어를 위해 지역 주민들의 거주지를 높은 지대로 옮겼기 때문에 '낯선 이들의 언덕'이라는 뜻의 아랍어 가르나타Ġarnāṭah에서 그라나다라는 이름이 나왔다는 설명도 있다. 하지만 그라나다 지방을 상징하는 문장도2-2 한가운데에 석류가 자랑스럽게 그려져 있는 것을 보면 이 과일이 도시와 밀접하게 관련되어 있음은 분명하다.

그렇다면 이 동양의 과일들은 언제, 어떤 경로로 유럽행 이동에 나서게 된 것일까? 역사가들은 7세기부터 이들의 이동이 시작됐고 10~12세기에 본격적으로 퍼져나갔다고 추정한다. 이 시기는 이슬람교가 세력을 확장했던 기간과 일치한다. 610년 아라비아반도에서 창시된 이슬람교는 주변 지역으로 교세를 빠르게 확장해갔다. 7세기에 다마스쿠스에서 우마이야 왕조를, 그리고 8세기에 바그다드에서 아바스 왕조를 세웠고, 곧이어 중앙아시아, 북아프리카를 거쳐 이베리아반도까지 세력을 넓히는 데 성공했다. 12세기부터는 다시 아나톨리아, 인도, 동남아시아, 아프리카의 사하라 이남까지 영향력을 확대했다. 이슬람 세계로 편입된 지역의 사람들은 공통적으로 경전인 코란과 법률서인 샤리아가 규정하는 삶의 방식을 받아들였다.

도2-2 **그라나다 지방의 문장**

강력한 종교의 등장으로 도덕적·법적 행동 기준이 광역적으로 통일된 것은 물론이고, 경제 활동에서도 동질성을 갖추게 되었다. 국지적인 세계화가 진행된 것이다.

초기에 무슬림들은 대부분 유목생활을 했지만 이슬람권으로 편입된 여러 지역에서는 농경을 점차 발전시켰다. 이를 위해서는 무엇보다도 새로운 작물이 필요했다. 제한된 지역에서만 재배되던 작물이 이슬람교의 확장 경로를 따라 전파됐다. 쌀, 사탕수수, 목화, 시금치, 가지, 사프란, 수박, 살구, 야자 등 오늘날 세계인에게 널리 사랑받는 작물들이 이에 해당한다. 사람들의 먹거리와 작물도 종교 전파와 함께 세계화를 경험하게 된 것이다.

새로운 작물을 재배하기 위해서는 건조한 토지에 물을 충분히 공급할 수 있어야 했다. 따라서 관개기술의 개발과 보급이 중요한 과제로 떠올랐다. 특히 물이 풍부한 지역으로부터 멀리 떨어져 있는 건조지대까지 물을 끌어오는 기술이 절실했다. 카나트Qanat, 혹은 지역에 따라 카레즈Karez, 포가라Foggara 등으로 불리는 관개수로가 해결책이었다. 카나트의 구조도2-3를 살펴보면, 산기슭 땅속에 위치한 지하수층에서 물을 받아 지하 카나트 수로를 통해 멀리 떨어진 경작지까지 흘려보내는 방식을 확인할 수 있다. 중간 지점 곳곳에 수직으로 우물을 설치해 농부들

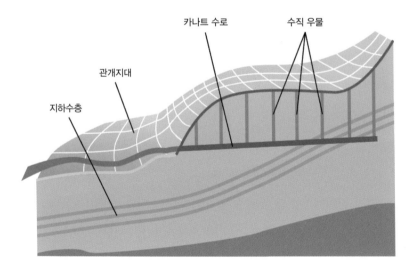

도2-3 **카나트의 구조**

이 지상에서 물을 길어 쓰게 만들었고, 이런 시설은 송수 과정에서 물이 증발하는 것을 막을 수 있다는 장점이 있었다. 카나트는 페르시아인들이 약 3000년 전부터 개발해 인근 지역에서 사용하던 기술이었다. 그렇지만 카나트가 본격적으로 확산된 시기는 바로 이슬람 농경지대가 확장되던 때였다. 일찍이 로마제국은 수리학적 지식과 기술을 발전시켰지만 이는 주로 도시에 물을 공급하기 위한 것이었다. 이와 달리 이슬람 세계에서는 농촌 건조지대에 물을 대는 것이 주목적이었다.

이렇듯 새로운 작물과 새로운 관개기술이 전파되면서 이슬람의 농업은 크게 발전했다. 학자들은 식물학과 농법을 다루는 서적들을 편찬해 농업 발달에 힘을 보탰다. 예를 들어 9세기에 알디나와리Al-Dinawari는 방대한 분량의 책을 저술해 이슬람 식물학의 기초를 닦았다. 다음 그림도2-4은 그가 제자에게 식물에 대해 설명하는 모습을 묘사하고 있다. 식물학자와 농학자들의 저서는 아랍어라는 이슬람 공통어로 저술되어 이슬람권 전역으로 널리 전파되었다. 노예 노동으로 경작하던 방식이 소작제도로 대체된 점도 농업 생산성을 높이는 데 기여했다. 역사가들은 이러한 변혁을 '이슬람 녹색혁명Islamic Green Revolution'이라고 불렀다. 그로 인해 이슬람 경제는 번영을 누렸고 인구도 빠르게 증가할 수 있었다.

새로운 작물이 이슬람 세계 전역으로 퍼지고 다시 지중해 지역과 이베리아반도로 재배지를 넓혀감에 따라 유럽인들 또한 이들을 접할 기회가 생겼다. 특히 몇몇 작물은 유럽인들에게 놀라움을 안겨주었다. 인

도2-4 제자에게 식물을 설명하는 알디나와리, 『디오스코리데스의 약물학』에 수록된 삽화, 1228년

도2-5 『존 맨더빌 경의 여행기』에 수록된 목화 그림, 14세기

더스문명 시대에 이미 재배되고 있었던 목화는 알렉산더 대왕의 원정을 통해 그리스인에게 처음 알려진 것으로 보인다. 동시대의 그리스 역사가 메가스테네스Megasthenes는 목화솜의 보드라운 감촉에 깊은 감명을 받고서 인도에는 양이 자라는 나무가 있음이 분명하다고 추측했다. 중세에는 일부 유럽인들이 목화솜을 접했지만 이 신기한 섬유가 어떻게 생산되는지는 전혀 몰랐다. 14세기 유럽의 여행가이자 작가였던 존 맨더빌John Mandeville은 목화에 대해 "가지 끝에 몸집이 작은 양들이 달려 있는데, 가지가 신축성이 있어서 양들이 배고플 때 고개를 숙이면 풀을

뜯을 수 있다"고 서술했다. 그가 쓴 여행기에는 이 상상의 식물을 묘사한 삽화도2-5가 수록되어 있다.

이슬람 녹색혁명으로 유럽에 전파된 동양의 작물들은 훗날 유럽에서 두번째 세계화의 길에 나서게 된다. 휠스동크의 그림도2-1에 등장한 오렌지와 레몬을 다시 들여다보자. 대항해시대에 유럽인들은 신대륙 아메리카를 정복하고 그곳에 구대륙의 동식물을 이식했다. 오렌지와 레몬은 1493년 콜럼버스가 서인도제도로 가는 2차 항해 때 배에 싣고 가서 히스파니올라섬에 심었다고 전해진다. 이후 스페인 점령 지역으로, 그리고 그 너머로 재배가 확대되었다.

장거리 항해를 하는 선원들은 오래도록 괴혈병으로 고통을 받았다. 1499년 바스쿠 다 가마의 인도 항해에 동행한 선원 170명 가운데 116명이 괴혈병으로 사망했고, 페르디난드 마젤란은 230명 가운데 208명을 잃었다는 기록이 있을 정도다. 이 치명적 질병을 예방하고 치료하는 데 오렌지와 레몬이 효과가 뛰어나다는 사실이 알려지면서 이 과일의 인기는 급상승했다. 1500~1800년 사이에 무려 200만 명 이상의 목숨을 앗아간 것으로 추정되는 괴혈병에 맞설 최고의 무기는 바로 비타민C였던 것이다. 오늘날 오렌지의 최대 생산국은 브라질이고 그 뒤를 미국과 멕시코가 잇고 있다. 레몬의 3대 생산국은 인도, 멕시코, 미국이다. 아메리카 대륙의 비중이 매우 높음을 알 수 있다.

이렇게 작물들이 지구를 서쪽으로 일주하는 역사적 과정에서 중세 이슬람교의 확장은 분명 핵심적 역할을 했다. 흔히 이슬람교의 확산 과정을 "한 손에는 코란, 한 손에는 칼"로 묘사하곤 한다. 무슬림에게 정복당한 주민은 이슬람교로 개종하거나 아니면 죽음을 맞아야 했다는 말이다. 그러나 이런 표현은 실제 역사와는 거리가 있다고 역사가들은 말한다. 십자군전쟁에서 무슬림과 반복적으로 충돌하면서 중세 유럽인들이 지니게 된 이슬람공포증Islamophobia이었을 뿐이라는 것이다. 실제 역사에서 이슬람제국은 이교도 피정복민에게 개종을 그다지 강요하지 않았다. 제국이 부과하는 인두세만 납부하면 이교도들은 경제 활동에 별다른 제한을 받지 않았다. 이슬람교와 접촉하게 된 지역에서 유력자들이 자발적으로 이슬람교로 개종한 사례도 많았다. 그들은 우선 토착신앙을 대신해 고등 종교를 수용함으로써 정신적·지적 지평을 넓힐 수 있었다. 또한 개종을 통해 넓은 이슬람 경제권으로 편입된다는 기대를 가질 수 있었다. 즉 생산과 무역을 확대해 이득을 늘릴 수 있다는 생각이었다. 이와 함께 앞서 본 것처럼 새로운 작물과 농업기술의 확산이 가져다주는 이익이 있었다. 이렇듯 이슬람 세계의 확장은 정복자의 일방적 강요가 아니라 다양한 동기와 상황이 상호작용하여 만들어낸 세계화 과정이었던 것이다.

유럽 도시들, 무역허브 경쟁을 펼치다

유럽 내륙의 국제시장

도3-1
● 랑디에서 열린 대시에서 축성하는
파리 대주교, 14세기

가옥과 천막이 빽빽하게 들어선 지역을 배경으로 많은 사람들이 보인다. 물품을 운반하고 거래를 하는 모습이다. 그림 중앙에는 파란색의 뾰족한 지붕을 얹은 구조물이 자리하고 있다. 그곳에서 한 성직자가 오른손을 들어 축복 기도를 하고, 그 뒤에 여러 명의 탁발 수도사들이 있다. **이 그림의 역사적 배경은 무엇일까? 이곳은 어디이며, 성직자는 누구를 위해 축도하는 것일까?**

이 그림도3-1은 얼핏 보면 종교적 의례를 묘사한 것처럼 보이지만 실제로는 거래 활동과 관계가 깊다. 중세 유럽의 각 지역은 장거리 무역망으로 연결되어 있었는데, 크게 세 개의 상권으로 나뉘어 있었다. 무역 규모가 가장 컸던 곳은 지중해를 중심으로 한 남부 상권이었다. 동양에서 향신료, 직물, 명반明礬 등 값비싼 상품들을 수입해 유럽 전역에 판매하는 이탈리아 상인들이 이 상권의 주인공이었다. 베네치아나 제노바 같은 무역도시들은 유럽에서 금융, 회계, 조선업이 가장 앞선 중추지였고 이곳의 상인들은 유럽 최고의 부를 과시했다. 두번째 상권은 독일과 네덜란드의 항구도시들이 중심에 있었던 북부 상권이었다. 이곳의 상인들은 한자동맹이라는 초국적 상인조합에 속해 있으면서 북해와 발트해를 통해 플랑드르의 모직물, 보르도의 포도주, 런던의 금속 제품, 스칸디나비아의 생선과 목재 등을 교역했다.

우리가 가장 주목해야 할 곳은 세번째 상권이다. 남유럽과 북유럽에서 물품을 생산하는 상인들은 어딘가에서 만나 서로 거래를 해야 했다. 이런 무역이 이루어진 곳이 바로 대륙 중앙부에 위치한 내륙 상권이었다. 프랑스의 샹파뉴 지방, 독일의 라이프치히와 프랑크푸르트는 이 상권의 대표적인 중심지였다. 이 지역에서는 매년 일정 기간에 대시大市, fair라고 하는 정기시定期市가 열렸다. 이탈리아 상인들은 험준한 알프스 산맥의 고갯길을 넘어 북쪽으로 향했고, 독일과 플랑드르 상인들은 북유럽의 상품을 남쪽으로 운송했다. 두 상인 집단이 만나 대규모 시장을 형성한 곳이 바로 이들 지역이었다. 유럽인들에게는 국제 무역의 중심지였던 것이다.

상인들이 대시에서 무역 거래를 하기 위해서는 돈이 필요했다. 그런데 주화나 금괴를 들고서 장거리 여행을 하면 위험이 따랐고 비용도 많이 들었다. 그래서 상인들은 신용을 기초로 거래를 하고 모든 거래가 끝난 후 청산하는 방식을 선호했다. 또한 대시가 파할 때까지 청산되지 않은 금액은 환어음을 발행해 다음 시기로 결제를 이월하는 방식을 택했다. 말하자면 국제적 금융제도의 필요성이 커진 것이다. 이 분야에서

도3-2 제노바 은행가들이 일하는 모습, 14세기

가장 두드러진 활약을 보인 집단이 이탈리아 금융가들이었는데, 그중에서도 위의 그림도3-2에 등장하는 제노바 은행가들이 대표적이었다. 이그림은 기독교에서 말하는 일곱 죄악 중 하나인 탐욕을 상징화한 작품이다. 사람들이 '탁자banco'에 주화를 올려놓고 계산을 하고 있다. 이러한 관행에서 은행을 뜻하는 이탈리아어 '방카banca'가 나왔고 영어로 '뱅크bank'가 되었다. 대시에서 금전 거래를 하는 경우에는 유럽 각지에서 생산된 주화들이 서로 단위가 다르고 순도에도 차이가 난다는 문제가 발생했다. 이에 따라 환전업도 발달하게 되었다. 결과적으로 대시는 유럽의 금융허브 역할을 톡톡히 수행했다. 중세인의 관점에서 보면 탐욕을 경계하라는 교훈적 그림이었지만 오늘날에는 금융업의 발달을 보여주는 교육적 그림처럼 보이기도 한다.

프랑스와 독일의 여러 도시들은 이런 대시에 대해 어떤 입장을 보였을까? 당시 자신의 도시에 대시를 유치하기 위해 적극적으로 나선 영주들이 많았다. 국제 무역의 중심지가 되면 다양한 경제적 이득이 발생하고 영향력 있는 지도자라는 정치적 위상도 얻을 수 있다고 믿었기 때문이다. 유럽 경제가 장기적으로 성장하면서 상업이 가져다주는 이익에 눈을 뜬 영주들이었다. 이들은 우선 자신의 도시가 사통팔달 연결된 도로망을 보유하고 있다고 홍보했다. 하지만 교통의 편의만으로는 경쟁력을 내세우는 데 한계가 있었다. 일부 영주들은 무역상에게 도로통행세를 면제해주었고, 점포와 창고 건물을 무상으로 제공하기도 했다. 또한 출신지에 상관없이 모든 상인이 공평하게 처우를 받도록 보장했으며, 분쟁을 공정하게 해결할 수 있도록 초보적인 상업재판소도 설립했다.

대시를 유치하려는 경쟁이 치열해지면서 종교적 편의도 제공됐다. 지역의 성직자가 시장의 번창과 무사고를 빌며 축성 의례를 진행해주는 것이다. 대시를 방문하는 상인들은 대부분 기독교인이었으므로 성직자의 축성 의례는 매우 중요한 의미가 있었다. 앞에서 본 그림도3-1의 배경은 파리 근교 생드니 지역의 랑디Lendit라는 도시다. 대시를 개장하는 날

I. 고대와 중세

도3-3 랑디 대시에서 상인들이 영업을 준비하는 모습, 14세기

파리 대주교가 등장해 무역상들의 안녕과 번영을 기원하는 기도 행사를
집전하는 광경을 담은 그림이다. 얼핏 보면 단순한 종교 행사를 무덤덤
하게 묘사한 듯하지만, 사실 그 속에는 국제 무역허브가 되기 위해 중세
도시가 펼친 치열한 경쟁의 모습이 생생하게 담겨 있다.

　　대시에서 상인들이 거래를 준비하는 모습을 묘사한 그림도3-3도 있
다. 파리 대주교의 축성 의례를 묘사한 그림과 마찬가지로 랑디에서 열

린 정기시의 풍경이다. 왼쪽에서부터 각각 신발, 금속 세공품, 의류를 판매대 위에 올려놓고 진열하고 있는 상인들이 보인다. 정성스레 상품을 배치하는 손길에서 소비자의 시선을 사로잡고자 하는 상인들의 열망이 느껴진다. 점포마다 지붕 꼭대기에는 독특한 깃발과 장식을 달아 홍보 효과를 높이고 있다.

유럽 내륙 전체에서 대시가 가장 발달한 지역은 프랑스의 샹파뉴 지방이었다. 12세기부터 라니Lagny, 트루아Troyes, 프로뱅Provins, 바쉬르오브Bar-sur-Aube 등 교통 여건이 양호한 네 도시에서 순차적으로 6주씩 정기시가 열렸다. 보통 한 해에 여섯 차례 개장했으니 중간에 상인들이 이동하는 기간을 고려하면 거의 연중 내내 시장이 열린 셈이다. 유럽의 다른 대시들이 서로 멀리 떨어진 도시에서 열리던 것과 달리 샹파뉴에서는 지리적으로 가까운 범위 안에서 다수의 정기시가 연이어 열렸기 때문에 무역상들이 각별히 좋아했다. 대시를 활성화하는 데에는 지역리더의 역할도 중요했다. 샹파뉴 백작은 경찰 조직을 구성해 무역상들에게 공공질서를 보장했다. 도량형을 속이지 못하게 단속했으며, 한 번계약을 위반한 자는 대시에 다시는 참여하지 못하게 금지했다. 치안과재산권 보호는 무역상을 끌어들이는 가장 확실한 유인책이었다.

한편 번영을 구가하던 샹파뉴 대시는 13세기 말부터 쇠퇴 국면에 접어들게 된다. 여기에는 몇 가지 원인이 있었다. 기술적 측면에서는 이탈리아에서 조선술과 항해술이 발달한 점을 들 수 있다. 항해에 능숙한선장이 개량된 선박을 운행해 지중해에서 지브롤터해협을 빠져나와 북쪽의 저지대 국가들을 직접 찾아가는 게 가능해진 것이다. 경제적 측면에서는 신용거래 기법이 개선되고 무역회사 조직이 발달하면서 북부 상권과의 직접 거래가 쉬워졌다. 이에 따라 브뤼주Bruges, 안트베르펀 Antwerpen 같은 도시가 새로운 무역도시로 성장하게 되었다. 마지막으로 정치적 측면에서 샹파뉴 지방이 프랑스에 편입된 사실이 중요하게 작용했다. 프랑스 국왕은 샹파뉴 백작과는 달리 대시 상인들에게 안전과 계약 이행을 보장해주지 않았고 오히려 세금을 징수하고 특정 상인 집단에 대해서는 불이익을 가하기도 했다. 더이상 무역상들이 굳이 샹파뉴를 찾을 이유가 없어진 것이다.

샹파뉴의 대시가 쇠퇴의 길로 접어든 상황은 다른 도시들에게 새로운 기회로 작용했다. 독일은 프랑스 못지않게 일찍부터 대시가 발달한 지역이었다. 특히 프랑크푸르트와 라이프치히가 오랜 경쟁 관계를 이뤄왔다. 프랑크푸르트 대시는 유럽에서 가장 오래된 정기시 가운데 하나였다. 11세기에 지역 농산물을 거래하는 정기시로 시작했지만, 13세기에는 신성로마제국 황제의 명시적 보호 하에 정식 대시로 지위가 격상됐다. 15세기에는 재화의 거래는 물론 은행업과 주식 거래까지 이곳에서 널리 행해졌다. 한편 라이프치히 대시는 12세기에 시작됐는데, 이곳도 마찬가지로 통치자의 적극적 보호에 힘입어 무역과 금융 중심지로서 명성을 높여갔다.

시간이 흐르면서 두 도시는 비록 내륙 상권 전성기 때의 번영을 되찾지는 못했지만 각별한 노력을 통해 특별한 상품을 전문적으로 거래하

도3-4 요스트 암만, 「프랑크푸르트의 인쇄소」, 목판화, 1568년

도3-5 세계 최대 규모를 자랑하는 프랑크푸르트 도서전, 2015년

는 정기시로서 명성을 새로이 쌓는 데 성공했다. 그것은 바로 책이었다. 프랑크푸르트 대시에서는 일찍부터 수도사들이 필사한 종교 서적들이 활발히 거래됐다. 본격적으로 도서시장이 확대된 것은 15세기의 일이었다. 1445년 구텐베르크가 활판인쇄기를 개발한 이후 유럽에서 서적의 출판이 급증했기 때문이다.도3-4 이에 따라 도서시장도 빠르게 확대됐다. 1500년경 프랑크푸르트는 유럽 최대의 출판시장으로 성장했다. 그러나 종교개혁의 시대인 17세기에 상황이 급반전했다. 30년전쟁과 검열의 광풍이 프랑크푸르트 도서시장을 침체기로 몰아간 것이다. 한편 신교의 영향력이 컸던 프로이센이 세력을 확대하면서 라이프치히가 새로

운 도서시장의 강자로 떠올라 오랫동안 번영을 누렸다. 이렇게 두 도시의 운명은 확실한 반전을 맞은 것으로 보였다. 그러나 라이프치히의 번영도 영원하지는 않았다. 제2차세계대전이 끝나고 라이프치히가 동독으로 편입되면서 다시 서독에 위치한 프랑크푸르트가 부활의 기회를 맞았다. 그리고 마침내 오늘날 세계 최대의 도서전이 열리는 도시로서 명성을 날리고 있다. 해마다 10월이면 세계 곳곳에서 수많은 출판인이 찾아오는 프랑크푸르트 도서전은 1000년 전부터 경제허브가 되기 위해 각고의 노력을 기울였던 유럽 도시들이 현대에 남긴 발자취인 셈이다.

I. 고대와 중세

대중의 신앙심이
순례길을 완성하다

중세 순례길

도4-1
●
안드레아 디 보나이우토,
「구원의 길―전투의 교회,
승리의 교회」(부분),
1366년

네 사람이 한 곳에 모여 있다. 세 명은 남자고 한 명은 여자다. 남자들은 수염 형태가 다르고 옷차림도 제각각이다. 아마도 서로 다른 지역 출신인 듯하다. 이런 차이점에도 불구하고 네 인물에게서 공통점을 찾아볼 수 있다. 하나같이 긴 옷과 모자로 몸을 감싸고 있는 점, 지팡이를 들고 있는 점, 그리고 모두 지친 표정이라는 점이다. **이들은 누구일까? 이들은 어떤 공통의 목적을 가지고 한자리에 모이게 된 것일까?**

피렌체에 있는 산타마리아노벨라성당의 부속 건물인 스페인예배당에는 14세기 이탈리아 화가 안드레아 디 보나이우토Andrea di Bonaiuto, 1343~77가 제작한 대형 벽화가 있다. 당시 벽화가 대개 그렇듯 이 벽화도 독실한 기독교 신자, 이교도, 방탕한 사람 등을 배치하고 그중에서 독실한 자들만이 천국의 문에 들어서게 된다는 내용을 담고 있다. 벽화 가운데 이 부분도4-1에 묘사된 사람들은 누구이며 이들은 어떤 부류에 속할까? 우선 이들이 포함된 부분을 좀더 확장해서 살펴보자.도4-2 그림

도4-2 안드레아 디 보나이우토, 「구원의 길—전투의 교회, 승리의 교회」(부분), 1366년

은 기독교를 마음 깊이 따르는 사람들의 세계를 보여주는데, 그림의 왼쪽 절반은 교회를, 그리고 오른쪽 절반은 세속을 묘사하고 있다. 중앙에 자리한 교황과 황제가 각각 두 세계를 관할한다. 그 아래에 선한 양들이 평화롭게 앉아 있다. 양들을 보호하고 있는 것은 두 마리의 개다. 흰 바탕에 검은 무늬가 있는 개는 도미니크 교단의 상징적 존재로, 교단 이름과 발음이 비슷하게 도미니카네스domini canes라고 불리는데, 이는 '신의 개'라는 뜻이다. 첫번째 그림에 묘사된 사람들은 두번째 그림의 오른쪽 하단, 즉 세속 세계의 사람들 가운데 가장 낮은 위치를 차지하고 있다. 비록 비천한 행색이지만 이들은 분명 기독교의 가르침을 마음 깊이 따르는 신심 충만한 사람들이다.

다시 첫번째 그림도4-1으로 돌아가보자. 그림 속 인물들이 구체적으로 누구인지에 대한 힌트는 가장 왼편의 인물에서 먼저 찾을 수 있다. 그의 모자에 달린 배지들 가운데 흰색 가리비 문양의 배지가 보인다. 가리비는 예수의 12사도 가운데 한 명인 성 야고보를 상징한다. 성 야고보는 복음을 널리 전파하러 지중해를 건너 스페인으로 간 인물이다. 가리비가 성 야고보의 상징이 된 이유에 대해서는 여러 설명이 있는데, 그중 두 가지 전설이 대표적이다. 하나는 야고보가 죽은 뒤 그의 시신을 산티아고로 가져올 때 해안에서 폭풍이 발생해 시신이 바닷속으로 사라졌는데 얼마 후 시신이 가리비 껍데기에 덮인 채 온전하게 해변에서 발견됐다는 이야기다. 다른 하나도 야고보의 시신을 스페인으로 운구하는 상황에 관한 이야기다. 때마침 바닷가에서 결혼식을 하던 신랑이 말을 탄 채

바다에 빠지는 사고가 발생했는데 기적적으로 신랑과 말이 가리비 껍데기에 덮인 상태로 물위로 떠올랐다고 한다. 어느 이야기에서든 야고보의 사후에 발생한 기적이 가리비와 관련되어 있다.

이쯤 되면 그림 속 인물들에 대해 감이 온다. 이들은 성 야고보를 기리며 머나먼 여정을 떠난 순례자들이다. 이들이 향한 곳은 성 야고보의 유해가 안치되어 있다고 알려진 스페인 북서쪽 끝자락의 성지 산티아고데콤포스텔라Santiago de Compostela다. 오늘날 세계 각지의 수많은 사람들이 방문하는 '산티아고 순례길'의 최종 목적지가 바로 이곳이다. 산티아고는 중세에도 예루살렘, 로마와 함께 가장 중요한 순례지로 손꼽혔던 성지다. 중세 사람들이 대개 신앙적 목적으로 이곳을 찾았다면 오늘날에는 종교와 무관하게 자기성찰의 기회를 갖고자 이곳을 방문하는 이들이 많다. 스페인 레리다의 라세우베야성당La Seu Vella에 있는 14세기 벽화도4-3는 산티아고 순례자의 모습을 보여준다. 순례자들은 순례 도중에 교회로부터 음식과 잠자리를 제공받곤 했다. 이 벽화 속의 순례자들도 소박한 식사에 만족하며 잠시 달콤한 휴식을 취하고 있다.

인류의 역사에서 종교는 세계화를 이끄는 중요한 역사적 요인 가운데 하나였다. 상인들과 소비자들이 상품을 매개로 시장을 확대하고 통합했던 것과 마찬가지로, 성직자들과 신도들은 신앙을 매개로 종교 세계를 확대하고 통합했다. 사람들의 지리적 이동이 제한적이었던 시기에 순례는 장거리 여행이라는 매우 드문 기회를 제공했다. 같은 종교를 신봉하는 사람들은 순례를 통해 서로의 신앙관과 사회적 가치, 그리고 생

도4-3 음식을 대접받는 산티아고 순례자들, 스페인 레리다의 라세우베야성당 벽화(부분), 14세기

활방식을 교류했고 서로에게 영향을 주었다. 기독교, 불교, 이슬람교 영역에서 모두 이런 상황이 펼쳐졌다.

기독교권에서 순례라는 관습이 등장한 때는 4세기였지만 순례가 대규모로 이루어진 것은 11세기 십자군 원정 이후의 일이었다. 기독교 기사단이 순례길의 치안 상태를 개선하고 베네치아 상인들이 갤리선으로 운송 시스템을 마련한 것이 계기가 되었다. 그러나 순례자는 여전히 많은 위험을 감수해야 했다. 험준한 알프스산맥을 넘다가 사망할 수도 있었고, 순례자를 노린 떼강도에게 습격을 당할 수도 있었다. 낯설고 힘든 여정 중에 역병에 희생되기도 했으며, 면죄부를 파는 사기꾼에게 걸려 가진 돈을 몽땅 갈취당하기도 했다. 그러나 이런 역경들이 순례를 향한 열망을 가로막지는 못했다. 16세기 종교개혁으로 순례에 대한 부정적인 인식이 확산되기 전까지 순례자들의 행렬은 끊임없이 이어졌다.

순례의 최우선 동기는 신앙심, 즉 참회와 각성의 기회를 가지려는 마음에 있었다. 그러나 과거에도 순례를 이국의 정서를 경험하고 모험적 여행을 즐기는 기회로 삼은 이들이 분명 있었다. 특히 로마처럼 관광지의 성격이 꽤 짙은 지역에 이런 이들이 많았다. 16세기에 발간된 『성지 여행서A Journey to the Holy Land』를 보면 여행 경로는 물론이고 각지의 관습과 특산물, 교역 방법 등에 대해서도 자세히 기록되어 있다. 중세판 여행 가이드북인 셈이다. 신앙적·종교적 목적 외에 관광도 부분적 목적이었다는 점에서 중세의 순례는 18세기에 공부와 유흥을 겸해 부유층이 즐긴 '그랜드 투어'와 비슷한 측면이 있다(13장 참조).

중세 유럽에서 장거리 순례가 빈번히 이뤄진 것과 대조적으로 중국에서는 국경을 넘는 순례가 많지 않았다. 중국을 대표하는 순례자는 인도의 불교 성지를 찾아가는 학승들이었다. 불교가 기나긴 실크로드를 통해 유입되었기 때문에 불교 경전이 번역 과정에서 의미가 달라질 수 있다는 문제점을 이들은 잘 알고 있었다. 인도에 가서 원전을 입수해 읽어보고 싶은 마음이 절실했던 것이다. 399년에 중국을 떠나 인도를 방문

도4-4 현장의 귀국 장면, 둔황 석굴에서 나온 두루마리 그림

하고 불경을 수집한 동진의 법현法顯이 바로 이런 순례자였다. 그가 귀국
해서 집필한 『불국기佛國記』는 인도와 중앙아시아에 대해 소상히 알려주
는 귀중한 자료가 됐다. 627~29년에는 당나라에서 고승으로 명성이 높
았던 현장玄奘이 인도로 향했다. 『서유기』에서 삼장법사로 등장하는 인물
이다. 현장 역시 팔리어와 산스크리트어로 기록된 불경 원전들을 수집
하고서 645년에 귀국했다. 이후 현장은 불경을 번역하고 인도 여행기인
『대당서역기大唐西域記』를 저술하는 데 전력을 다했다.

위의 그림도4-4은 현장이 수많은 불경을 말에 싣고서 당으로 돌아
오는 광경을 보여준다. 승려들과 관리들이 빽빽하게 모여 이 모습을 지
켜보고 있다. 저명한 스님을 보러 온 신도들까지 더해 매우 혼잡한 광경
을 연출했다고 역사서는 기록하고 있다. 법현과 현장은 단순히 개인적

도4-5 메카의 순례자들, 『이스칸다르 술탄의 모음집』에 수록된 삽화, 1410~11년

신앙을 위해 불교 성지를 방문했던 게 아니었다. 그들은 불경의 수집과 번역을 통해 조국의 불교 수준을 높이겠다는 사명을 지니고 있었다. 그리고 그 과정에서 아시아 불교권의 통합을 이끌었다. 내부 지향적인 속성이 강했던 중국에서 좀처럼 찾아보기 어려운 세계화의 선구자였던 것이다.

중세는 물론이고 현재까지도 끊임없이 엄청나게 많은 순례자들이 성지를 방문하는 종교는 이슬람교다. 이슬람교도라면 꼭 지켜야 할 다섯 가지 의무('기둥')가 있는데, 그중 하나가 하즈Hajj다. 생애에 반드시 한 번은 성지순례를 해야 한다는 의무다. 이 의무는 오늘날까지 계속되어서 해마다 200만 명에 이르는 신도들이 성지를 찾는 행렬에 동참한다.

이슬람교는 마호메트가 사망한 632년 이후 수세기에 걸쳐 세력을 크게 확장했다. 아시아와 아프리카의 드넓은 지역은 물론이고 유럽 일부까지 이슬람 세계로 편입됐다. 따라서 아라비아반도 남단에 위치한 성지 메카까지 가는 길은 멀고도 험했다. 순례자들은 광활한 사막을 지나고, 험준한 산맥을 넘고, 거친 바다를 건너야만 했다. 고생길에 들어선 이들을 위해 카이로, 바그다드, 다마스쿠스 같은 이슬람 세계의 주요 도시들은 정기적으로 운송 수단과 각종 편의를 제공했다.

그들이 찾아가는 궁극의 목적지는 메카의 대모스크에 있는 카바Kaaba라는 성소였다. 육면체 구조물인 카바는 키스와라는 검은 천으로 둘러싸여 있다. 이슬람교도들은 카바에 있는 신성한 '검은 돌'에 입을 맞추고 카바를 돌면서 경배를 했다. 15세기 초에 카바를 찾아 경건한 마음

도4-6 메카 순례를 기념하는 확인증(부분), 17~18세기

으로 기도하는 순례자들을 묘사한 그림도4-5이 있다. 이람이라고 하는 흰색의 무명옷을 입은 순례자들이 대모스크를 가득 채운 풍경이다. 카바 위에는 수호천사들의 모습이 보인다. 한 가지 흥미로운 점은 대모스크와 카바 둘 다 앞쪽 면보다 뒤쪽 면이 더 넓게 그려져 있다는 사실이다. 조선시대 책가도冊架圖에서 흔히 볼 수 있는 역원근법과 유사하다.

이슬람교도에게 메카 순례가 인생에서 손꼽을 만한 중요한 행사인 만큼 이들은 순례의 경험을 두고두고 간직하고 싶어 했다. 그래서 기념으로 멋진 순례 확인증을 받아와서 정성스레 보관하기도 했다. 종이에 금박과 은박을 포함한 화려한 색깔로 메카의 풍경을 그린 이 작품도4-6은 순례 확인증의 한 사례를 보여준다. 중앙에 카바의 모습이 선명하게 강조되어 있다.

어느 종교에서든 순례는 신 앞에서 자신을 되돌아보는 신성한 신앙 행위였다. 그러나 순례가 현실 세계에서 이루어지는 행사인 까닭에 속세의 경제와 동떨어져 진행될 수는 없었다. 교통의 요지에 자리 잡은 항구도시들은 순례를 일종의 관광산업처럼 여기고 운송 수단과 안내 서비스를 제공함으로써 부를 축적했다. 순례길에 위치한 다른 도시들에도 먹거리와 옷가지, 기념품을 파는 상인들이 가득했다. 어수룩한 순례객의 주머니를 노린 노상강도, 바가지 장사꾼, 돌팔이 의사도 많았다. 그러나 이런 일차적 경제 효과보다 더 중요한 것은 순례길이 사람들의 가치관과 풍습, 지식과 정보를 유통시키는 채널로 기능했다는 점이다. 광대한 공간을 동질적 질서로 한데 묶는 일이야말로 순례자들이 의도치 않게 행한 역사적 역할이었다.

　다시 산티아고 순례길을 생각해보자. 세계화는 시간과 공간을 뛰어넘어 예상하지 못한 방식으로 전개된다. 시간이 흐르자 산티아고 순례길은 종교적 색채가 옅어지면서 개인적 성찰의 길로 변모했다. 다시 한참을 지나 이 순례길은 우리나라에 소개되어 제주 올레길이라는 형태로 재탄생했다. 그리고 다시 일본 규슈와 몽골의 올레길로 확장되고 있다. 참으로 변화무쌍한 진화 과정이 아닐 수 없다.

화려한 색깔에 대한
욕망이 교역을 일으키다

염료 무역

Fig. 3.

도5-1
●
테오도르 판 튈던,
「자주색의 발견」,
1636~38년

항구가 보이는 바닷가를 배경으로 몸집 좋은 사내가 개를 데리고 있다. 주변에는 다양한 종류의 고둥과 조개가 널려 있다. 사내의 애견은 앞발을 큼지막한 고둥 위에 얹고서 장난을 치고 있었다. 그런데 개의 주둥이가 선홍색으로 물들어 있다. **그림 속의 사내는 누구일까? 그리고 개의 주둥이는 왜 선홍색을 띠고 있는 것일까?**

17세기 네덜란드 화가 테오도르 판 튈던Theodoor van Thulden, 1606~69의 작품 「자주색의 발견」도5-1은 티레Tyre라는 항구도시를 배경으로 한 그림이다. 티레는 지중해 동안에 위치한 고대도시다. 해상 무역이 발달해 그리스와 지중해를 놓고 세력을 겨뤘던 페니키아의 핵심 지역 중 하나였다. 이 그림 속 등장인물은 누구일까? 바로 그리스 신화에 나오는 영웅 헤라클레스다. 그는 애견을 끌고 바닷가를 산책하는 중이다. 헤라클레스가 님프에게 구애를 하느라 잠시 한눈을 파는 사이에 개가 뽈고

둥 하나를 입에 물고 장난을 친다. 그런데 개의 주둥이가 점점 붉은색으로 변한다. 피를 흘리는 것일까? 아니다. 뿔고둥에서 스며나온 액체가 개의 주둥이를 물들인 것이다.

뿔고둥은 아가미에서 맑은 액체를 분비하는데, 이것이 공기 중에 노출되고 햇빛을 받으면 색깔이 서서히 붉게 바뀌어 선홍색이 되다가 마침내 자주색으로 변한다. 님프는 헤라클레스에게 이 아름다운 색으로 옷을 지어 자신에게 선물해달라고 청한다. 이 매력적인 자주색을 티리언 퍼플Tyrian Purple이라고 부른다. 뿔고둥이 티레에서 많이 자생해서 생긴 이름이다. 최상의 염료를 얻으려면 시리우스라는 별이 밤하늘에 뜨는 겨울철에 뿔고둥을 채취해야 한다고 전해진다. 시리우스는 큰개자리에서 가장 밝게 빛나는 별이어서 '개의 별'이라고도 불린다. 테오도르 판 튈던의 작품 「자주색의 발견」에서 헤라클레스와 더불어 개가 등장하는 것은 이런 이유에서다. 이 그림은 그리스 신화의 영웅과 개를 등장시켜 자주색 염료의 탄생 설화를 비주얼하게 표현한 작품인 것이다.

테오도르 판 튈던은 동시대 화가인 페테르 파울 루벤스Peter Paul Rubens, 1577~1640와 교유했고 함께 그림을 그리기도 했다. 실제로 루벤스는 판 튈던의 그림과 구도가 거의 똑같은 그림을 그리기도 했다. 오른쪽 그림도5-2이 루벤스가 그린 것이다. 완성작이 아니라 밑그림에 가까운 이 그림은 우연으로 볼 수 없을 정도로 앞의 그림과 구도가 동일하다. 그래서인지 판 튈던의 작품을 루벤스의 작품으로 소개한 미술책도 있다. 두 그림의 관계는 여전히 미스터리한 채로 남아 있다.

도5-2 페테르 파울 루벤스, 「헤라클레스의 개가 자주색 염료를 발견하다」, 1636년경

아름답고 선명한 색깔로 치장하려는 욕망은 인류의 역사만큼이나 뿌리가 깊다. 구석기시대 동굴에서 발견되곤 하는 채색된 벽화가 이를 말해준다. 사람들은 점차 사물에 색깔을 칠하는 데 그치지 않고 색깔 있는 염료로 물을 들이는 방법을 자연에서 찾아냈다. 대부분 식물이나 광물에서 원료를 찾았지만 동물 중에서도 독특한 색소를 함유한 것들이 있었다. 그중에서도 뿔고둥에서 뽑아낸 티리언 퍼플 염료는 유럽인들이

오랫동안 무척이나 진귀하게 여긴 명품이었다. 고고학적 연구에 따르면 이미 3600년 전에 그리스의 크레타에서 이 염료가 사용되었다고 한다.

기원전 4세기의 한 역사서에는 소아시아에서 이 염료가 같은 무게의 은과 교환될 정도로 고가였다고 기록되어 있다. 1그램의 염료를 얻기 위해서는 9000마리의 뿔고둥이 필요했다고 하니 그렇게 값이 비쌀 만하다. 로마제국에서도 뿔고둥에서 추출한 염료는 만인이 선망하는 사치재로 여겨졌고 그 덕분에 티레는 경제적 번영을 누렸다. 국가는 염료 제조법을 비밀에 부쳐 엄격하게 관리했으며 개인적으로 이 염료를 제조하는 자가 있으면 붙잡아 엄벌에 처했다. 로마제국의 뒤를 이은 비잔틴제국도 티리언 퍼플의 생산을 직접 통제했고, 황제와 극소수의 측근들만 이 염료로 물들인 의복을 입을 수 있도록 제한했다. 이런 연유로 티리언 퍼플은 로열 퍼플 혹은 임페리얼 퍼플이라는 고급스러운 이름으로 불리게 됐다. 13세기 초 십자군 부대가 콘스탄티노플을 함락시키면서 비잔틴제국은 티리언 퍼플의 제조 기반을 상실했다.

사람들이 선망하는 염료를 추출하는 데 특이한 동물 자원을 사용한 사례로 티리언 퍼플만 있었던 건 아니었다. 중세 유럽에서 뿔고둥의 역할을 이어받은 것은 케르메스kermes라는 곤충이었다. 케르메스는 상록참나무의 진액을 빨아먹고 사는 작은 곤충으로 지중해 연안에 분포한다. 케르메스의 알을 말려 낱알처럼 되면 이를 빻아서 붉은 색소를 뽑아내는데, 이것으로 염색한 옷감은 고운 진홍색을 띠게 된다. 중세 초기에는 주로 비단 염색에 사용했지만 중세 후기에 모직물 생산이 증가하자

도5-3 스테번 판 데르 묄런, 「엘리자베스 1세의 초상」, 1563년경

고급 모직 제품을 만드는 데에도 썼다. 유럽인들 눈에 이보다 더 고운 빨간색은 어디에도 없었다. 16세기에 활동한 플랑드르 출신의 화가 스테번 판 데르 묄런Steven van der Meulen, ?~c.1563이 그린 「엘리자베스 1세의 초상」도5-3을 보면 여왕이 붉은색 드레스를 입고 있는데, 이 드레스가 케르메스로 염색한 것으로 추정된다.

한편 유럽인들은 더욱 생생한 색깔을 내는 염료를 아직 찾지 못하고 있었다. 대서양 건너 아메리카에는 케르메스를 능가하는 놀라운 천연 염색원이 존재했다. 바로 코치닐cochineal이었다. 멕시코 신부인 호세 안토니오 데 알사테 이 라미레스José Antonio de Alzate y Ramírez, 1737~99의 그림도5-4을 보자. 한 인디오 농부가 사슴꼬리를 손에 들고 선인장 표면을 털어내는 장면을 묘사하고 있다. 사내가 긁어모으고 있는 것이 바로 코치닐이다. 코치닐은 선인장에 기생하는 작은 연지벌레인데, 이를 채취해 빻으면 눈이 부실 만큼 선명한 빨간색 염료를 얻게 된다. 코치닐로 염색한 색깔처럼 생생한 색깔을 내려면 케르메스를 기존보다 열 배는 더 넣어야 할 정도였다. 이런 경이로운 효과 때문에 코치닐은 오늘날에도 립스틱 같은 화장품의 재료로 사용되며, 각종 청량음료에 착색료로 첨가하기도 한다.

호세 안토니오 신부는 생물학에 관심이 깊었기 때문에 코치닐의 모습을 상세히 묘사한 그림도5-5도 남겼다. 동그란 모양의 곤충이 암컷 코치닐이고, 긴 모양에 날개를 단 곤충이 수컷 코치닐이다. 호세 안토니오는 암수 코치닐을 각각 배와 등 쪽에서 관찰하고 자세하게 묘사했다.

도5-4 호세 안토니오 데 알사테 이 라미레스, 「사슴 꼬리로 코치닐을 수확하는 인디오」, 1777년

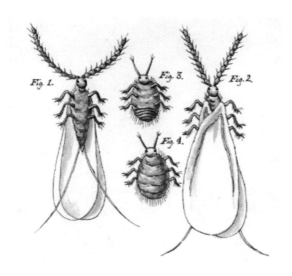

도5-5 호세 안토니오 데 알사테 이 라미레스, 「현미경으로 크게 확대한 코치닐」, 1777년

아메리카 사람들은 일찍이 마야제국과 아즈텍제국 시대부터 코치닐로 염색을 했다. 당시에 코치닐 염료나 코치닐로 염색한 직물은 지배 부족이 피지배 집단에게 요구하는 단골 공물이었다. 인디오들에게도 붉은색 염료가 진귀한 물품이었다는 뜻이다. 16세기 초 스페인 정복자들이 멕시코를 정복한 이래 코치닐은 파란만장한 변화를 겪게 되었다. 정복자들은 코치닐 염료를 스페인으로 수출해 큰 이득을 얻었다. 이 새로운 염료는 곧 주변국 소비자들의 눈길도 사로잡았다. 유럽 전역에서 멕시코산 코치닐 염료의 수요가 치솟았고 아시아로도 인기가 확산됐다. 그야말로 글로벌한 히트 상품이 된 것이다. 1779년에는 한 프랑스인이

코치닐 벌레를 몰래 빼내 프랑스 식민지인 생도맹그Saint-Domingue에 이식하려다 실패하기도 했다. 하지만 코치닐 벌레에 대한 멕시코의 독점적 지위는 영원히 지속되지 못했다. 1810년대 멕시코 독립전쟁 와중에 코치닐 벌레가 스페인인들에 의해 유출되어 중앙아메리카와 대서양의 카나리아제도 등으로 퍼져나간 것이다. 코치닐 가격은 곧 하락하기 시작했다.

더욱 결정적인 타격은 농장이 아니라 실험실로부터 왔다. 19세기 중반 유럽에서 화학이 발달하면서 인공 염료가 개발되었다. 1856년 영국의 화학자 윌리엄 퍼킨William Perkin, 1838~1907이 보라색 유기 염료를 합성하는 데 성공했다. 그는 자신이 만들어낸 유기 염료에 프랑스어로 '접시꽃'을 의미하는 '모브mauve'라는 이름을 붙였다. 퍼킨은 애초에 말라리아 치료제로 쓰이는 퀴닌을 인공 합성하기 위해 실험을 진행했는데, 그 과정에서 의도치 않게 염료를 만들어내게 됐다. 1864년에 출간된 『고디의 여성 책Godey's Lady's Book』에 삽화도5-6로 등장하는 보라색 드레스가 바로 모브로 염색된 옷이었다. 영국 빅토리아 여왕은 물론 프랑스 외제니 왕후도 모브로 염색한 직물의 선명한 색깔을 보고 찬사를 아끼지 않았다고 한다.

실험실에서 합성된 염료가 뜨거운 호응을 얻자 인공 염료의 개발에 본격적으로 불이 붙었다. 영국뿐만 아니라 다른 국가들도 발 빠르게 경쟁 대열에 합류했다. 특히 독일의 추격이 눈부셨다. 회히스트Hoechst, 아그파Agfa, 바이엘Bayer, 바스프BASF 등이 기업을 설립하고서 인공 염료

도5-6 『고디의 여성 책』에 수록된 삽화, 1864년

의 개발을 주도했다. 이후 이들은 모두 거대 화학기업으로 성장하게 된다. 독일의 성공은 과학자 개인의 능력과 노력만으로 이루어진 것이 아니었다. 공업화에 뒤처졌던 독일은 국가적 역량을 모아 신산업인 화학 공업에서 앞서나갈 방법을 모색했다. 해외에 거주하던 과학자들을 국내로 유치했고, 동일한 물질도 공정이 다르면 독립된 특허권을 부여하도록 특허법을 개정했으며, 대학에서 과학 연구에 더 많은 힘을 쏟도록 지원을 아끼지 않았다. 개인의 재능에 의존하는 전통적 제도와 교육 방식을 고수한 영국을 추월할 기회를 현명하게 포착한 것이다. 화려한 색깔을 향한 인류의 열망은 이렇듯 자연과 과학, 우연적 발견과 의도적 노력이 교차하는 파란만장한 역사를 거치면서 현실화되었다.

II.

확장하는
세계

———

06

대항해시대를
선도할 기회를
중국이 놓치다

정화의 원정

도6-1

심도, 「기린도」, 1414년경

한 사내가 기린에 고삐를 길게 채워 붙들고 있다. 명나라 때 비단 위에 그린 작품이다. 화가는 사내와 기린만을 묘사했을 뿐, 배경은 전혀 그리지 않았다. **당시 중국에는 기린이 자생하지 않았을 텐데, 어떤 특별한 상황이었기에 이 그림이 제작되었던 것일까?**

이 그림은 명나라의 관리이자 서예가인 심도沈度, 1357~1434가 그린 「기린도麒麟圖」도6-1이다. 심도는 명대를 대표하는 명필로 꼽힌다. 명의 3대 황제인 영락제永樂帝가 왕희지와 견줄 만하다고 칭찬할 정도였다. 그림 속의 기린은 원래 지금의 소말리아 지역에 있었던 아주란 술탄국 Ajuran Sultanate에서 살았는데 벵골의 술탄이 이 기린을 애완동물로 키웠다고 한다. 이 기린은 1414년 대규모 선단을 이끌고 벵골을 방문한 중국의 총사령관 정화鄭和, 1371~1433에게 술탄이 공물로 제공하여 다시 머나

도6-2 「서수낙원도」, 조선시대

먼 중국으로 이동하게 되었다. 자금성에 도착한 낯선 동물을 보고 사람들은 열광했다. 목이 길고 뿔이 달린 이 동물의 생김새가 중국 고대 전설에 등장하는 영험한 동물인 기린麒麟과 무척 닮았다고 느꼈기 때문이다. 사람들은 이 상상 속의 동물을 현실에서 만나게 된 것에 대해 황제의 정치가 바람직한 방향으로 이뤄지고 있다는 상서로운 징조라고 여겼다.

현실의 기린이 상상 속의 영물과 닮았는지 조선시대의 그림도6-2을 통해 살펴보자. 「서수낙원도瑞獸樂園圖」라는 제목의 이 병풍화는 상서로운 동물이 있는 낙원을 묘사하고 있다. 어린 새끼들을 보살피는 암컷 린麟

이 왼쪽에, 그리고 수컷 기麒가 오른쪽에 보인다. 전설 속 기린은 용의 머리에 사슴의 몸, 소의 꼬리에 말의 갈기와 발굽을 지녔다고 전해진다. 실제 기린과 얼마나 비슷한지는 각자의 판단에 맡긴다.

대양 원정을 이끈 총사령관이었던 정화라는 인물에 대해 좀더 알아보자. 그는 무슬림 집안 출신의 색목인色目人으로 이슬람교를 창시한 마호메트의 이름을 따 마씨馬氏 성을 지니고 태어났다. 훗날 영락제가 되는 주체朱棣가 원나라 세력을 소탕하기 위해 정벌하는 과정에서 정화는 붙잡혀 거세되는 처지가 되었다. 그러나 정화는 좌절하지 않고 이때부터 뛰어난 지략을 발휘해 영락제가 권력을 강화하는 데 공을 세웠다. 그 결과 황제가 전폭적으로 신뢰하는 환관이 되었다.

1405년 정화는 영락제도6-3의 명을 받아 대규모 함대를 이끌고 대양 원정에 나서게 되었다. 정화의 원정은 한 차례에 그친 것이 아니라 1433년까지 총 일곱 차례에 걸쳐 반복적으로 이루어졌다. 각 항해마다 경로가 조금씩 다르긴 했지만 대체로 지금의 베트남, 말레이시아, 인도, 사우디아라비아를 거쳐 동아프리카까지 이어지는 장거리 항해였다. 대양 원정에는 군사력과 외교력을 바탕으로 강대한 제국의 기반을 마련하려는 황제의 굳건한 의도가 담겨 있었을 것이다. 1407년에 완간된 『영락대전永樂大全』은 명 왕조의 새로운 통치 체제를 과시하는 상징과 같았다. 2000명이나 되는 학자들이 참여해 총 1만 권이 넘는 분량으로 완성한 대작이었다. 이를 능가하는 사전은 20세기 말에 이를 때까지 지구상에 존재하지 않을 정도였다.

도6-3 「영락제 초상」, 15세기

영락제가 정화를 파견한 이유에 대해서는 다른 설명들도 있다. 종적을 감춘 전 황제이자 조카인 건문제建文帝를 추적하기 위해서였다, 해외 국가들에게 제국의 힘을 과시하고 조공 체제를 확립하기 위해서였다, 항해술을 개선하고 지리적 이해를 높이기 위해서였다, 해상 무역을 장려하기 위해서였다 등이 대표적 설명이다. 어쩌면 이 모든 목적을 염두에 둔 원정이었는지도 모른다.

어쨌든 정화의 함대는 규모가 대단했던 것으로 보인다. 60여 척의 대형 함선을 포함해 총 300여 척의 선박에 2만여 명의 승조원이 탑승했으며, 대장선의 경우 배의 길이가 130미터, 폭이 50미터에 이르렀다고 한다. 실제로 선박의 크기가 이렇게 컸는지에 대해서는 논란의 여지가 있다. 그렇지만 60여 년 후에 출항한 콜럼버스의 선단이 길이 20미터 이하의 선박 세 척과 88명의 승조원으로 구성되었고, 당시 유럽 최대 규모였던 스페인의 무적함대도 130여 척에 불과했음을 고려한다면 정화의 함대가 대단한 규모였음이 분명하다. 또한 기술적으로도 뛰어나서 선박 바닥에 격실을 설치해 배가 좌초되거나 공격을 당해도 한 부분의 피해가 전면적 침몰로 이어지지 않도록 했다. 수많은 승조원과 선박이 관여되었으니 항해 자체가 경제적으로 큰 효과를 보인 것은 당연했다. 예를 들어 복건성에 위치한 장락長樂이라는 곳에는 함대가 바다로 나가기 위해 대기하는 항구가 있었는데, 무역풍이 원하는 방향으로 불 때까지 대기 시간이 몇 달씩 길어지기도 했다. 이때마다 시장에는 물건 값을 흥정하는 사람들로 넘쳐났고, 그로 인해 꽤 큰 도시로 성장했다.

도6-4 정화 함대를 묘사한 그림. 『천비경』에 수록된 삽화, 1420년

정화의 함대는 당시에 어떻게 묘사됐을까? 1420년에 제작된 『천비경天妃經』이라는 책에 정화 함대를 표현한 삽화도6-4가 실려 있다. 이 삽화는 정화의 함대를 묘사한 가장 오래된 그림으로 알려져 있다. 『천비경』은 항해의 수호 여신으로 알려진 천비天妃에 관한 책이다. 천비는 마조媽祖, Mazu라는 이름으로 중국과 대만, 동남아시아 등에서 상인들과 선원들에게 널리 숭배되는 존재다. 이 그림에는 천비의 보호를 받아 안전하게 운항을 하는 정화의 대규모 선단이 보인다.

원정에 사용한 지도는 어떤 것이었을까? 오른쪽 그림도6-5은 정화의 항해도를 보여준다. 원래 1430년 정화의 마지막 원정 때 사용되었던 지도로 1621년에 간행된 『무비지武備志』에 다시 실렸다. 출발지인 난징에서 아프리카 동부 해안까지의 기나긴 항로를 그린 두루마리 지도의 일

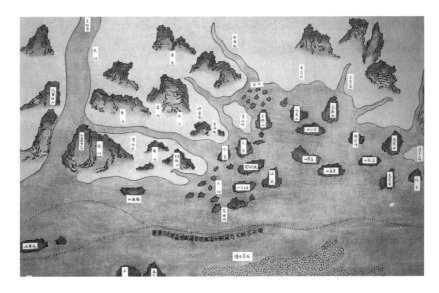

도6-5 『무비지』에 수록된 「정화항해도」(부분), 1621년

부다. 이 지도에는 500곳이 넘는 지명이 등장하고 물길 이외에도 섬과 강줄기, 산의 위치까지 그려져 있어 지리학적 가치가 크다.

정화의 함대는 다양한 활동을 했다. 여러 국가들과 조공 관계를 맺어 외교사절단과 진귀한 공물이 중국으로 들어오도록 해상 실크로드를 마련했다. 종교적으로 관용적 태도를 보여 실론에는 불교 건축물을 세우고 말라카에는 중국인 무슬림 집단을 이주시켰다. 동남아시아에서는 후추, 정향 등의 향신료를 중국으로 대량 가져왔다. 인도양 연안과 동남아시아에 화교 사회를 형성하는 계기가 되기도 했다. 남중국해, 동남아시아 및 인도양에 대한 지리적 지식도 많이 축적됐다.

하지만 정화의 대양 항해는 1433년을 끝으로 막을 내렸다. 영락제의 뒤를 이은 홍희제洪熙帝는 대양 항해를 금지하고 운항하던 선박을 파괴했으며, 원정 기록까지 파기하려고 했다. 중국은 왜 갑자기 내향적인 해금海禁 정책으로 돌아섰을까? 가장 널리 알려진 설명은 중국이 변방의 '오랑캐' 나라들에 대해 우위를 확인했을 뿐 그 이상 얻을 실익이 별로 없었다는 것이다. 그러나 화이사상華夷思想만으로 정책의 급변을 설명하기는 어렵다. 황실의 권력 다툼이라는 관점으로 보는 게 더 설득력이 있어 보인다. 베이징에 권력 기반을 둔 문인 관료 세력이 해안에 근거지를 둔 상인 집단 및 그들과 긴밀하게 연결된 환관 세력에게 타격을 입히기 위해 유교적 이데올로기를 강조하고 해금 정책을 실시했다는 해석이다. 여기에 몽골과의 무력 충돌과 농민 반란, 그리고 흑사병 이후 누적된 재정 문제가 보태졌을 것이다.

정화의 원정은 유럽 국가들의 대항해 탐험보다 반세기 이상 앞서 이루어졌다. 1499년 포르투갈의 탐험대가 인도양에 들어섰을 때 정화의 함대는 이미 역사 속으로 사라지고 없었다. 만일 양국의 함대가 마주쳤더라면 세계 역사가 어떻게 바뀌었을까? 아마도 중국은 외부 세계에 대해 더 깊은 관심을 갖게 되었을 것이고 당시의 선진적 기술력과 군사력을 바탕으로 대항해시대를 선도했을 가능성이 높다. 중국의 관점에서 볼 때 대양 항해의 중단은 전 지구적 헤게모니를 유럽에 넘겨주게 되는 참으로 아쉬운 순간이었다.

세계적 차원의
유전자 결합이
발생하다

콜럼버스의 교환

도7-1
●
야코포 바사노,
「노아의 방주에 들어가는
동물들」, 1570년대

수많은 동물들이 암수 짝을 맞추고서 목재로 지어진 구조물에 줄을 지어 올라타고 있다. 가운데에 있는 노인이 작업을 이끌고 다른 이들이 그를 돕고 있다. 구약성서 창세기에 등장하는 노아의 방주를 소재로 한 그림이다. **그림에 등장하는 동물들 가운데 가장 어울리지 않는 동물은 무엇일까? 참고로 이 그림은 1570년대에 제작됐다. 만일 이보다 100년 전에 노아의 방주를 그렸다면 등장하지 않았을 동물은 무엇일까?**

야코포 바사노Jacopo Bassano, c.1510~92는 르네상스시대에 활동한 이탈리아 화가다. 틴토레토, 라파엘로, 뒤러 등 여러 화가들로부터 영향을 받아 종교적 그림을 다수 그렸다. 이 그림도7-1은 야코포 바사노가 노아의 방주를 주제로 그린 작품이다. 노아의 방주는 악행을 일삼는 인간을 벌하기 위해 신이 대홍수를 기획하고서 신앙심 깊은 노아에게 건축을 명한 구조물이다. 노아는 여덟 명의 가족과 함께 여러 동물들을 암수로 짝을 지어 방주에 싣고 40일 동안 이어진 대홍수를 견뎌냈다. 노아의 방주는 구약성서에 담긴 이야기로 유명하지만, 훨씬 이전에도 대홍수를 소재로 한 이야기는 많았다. 특히 고대 메소포타미아에서는 『길가메시 서사시』를 포함한 여러 점토판 문헌에서 대홍수에 관한 전설을 확인할 수 있다. 대홍수 이야기의 기원이 무엇이든 간에 대부분의 이야기는 서아시아 지역을 배경으로 한다.

이 그림에는 수많은 동물들이 등장한다. 소, 말, 양, 개, 토끼, 사슴, 사자 등 대부분 우리에게 익숙한 동물들이다. 이들은 통상 우리가 '구세계'라고 부르는 지역, 즉 아시아, 유럽, 아프리카 대륙에서 장구하게 생명을 이어온 동물들이다. 그런데 예외가 하나 있다. 그림의 오른쪽 아래에 등장하는 칠면조다. 칠면조는 '신세계'에 속하는 멕시코 지역이 원산지로, 16세기에 스페인 정복자들에 의해 유럽으로 소개된 것으로 알려져 있다. 따라서 대항해시대 이전에는 구세계 사람들이 이 새를 접할 기회가 없었다. 노아의 방주를 서아시아 지역의 이야기로 본다면 칠면조를 그림에 포함시키는 것은 부자연스럽다.

인류의 역사에 한 획을 그은 대항해시대는 1492년 콜럼버스의 항해로 막을 열었다. 콜럼버스가 역사적 항해 끝에 서인도제도 바하마의 과나하니Guanahani라는 섬에 상륙하는 모습을 담은 15세기 작품도7-2을 보자. 이 판화작품은 산타마리아호를 바다에 띄워놓은 채 작은 보트에 올라타서 상륙하는 콜럼버스와 선원의 모습을 투박하게 묘사하고 있다. 원주민 여인들이 탐험자들을 환영하거나 또는 부끄러워하는 모습으로 표현된 것은 작가가 탐험을 낭만적인 모험으로 그리고자 했기 때문일

도7-2 「과나하니섬에 상륙하는 콜럼버스」, 15세기 판화작품

것이다. 콜럼버스와 이후에 들어온 스페인 정복자들이 인디오들을 실제로 어떻게 대했는지는 이 그림에서 전혀 드러나지 않는다.

콜럼버스의 항해를 기점으로 시작된 구세계와 신세계의 접촉은 인류의 역사에 얼마나 중대한 변화를 가져왔을까? 과거 구세계와 신세계는 서로 유리된 채 각자 나름의 세상을 만들어왔다. 동식물은 각각의 범위 내에서 이동해왔고, 사람들 역시 각각의 영역 안에서 교역과 교류를 해왔다. 그런데 두 세계가 갑작스럽게 접촉함으로써 이 모든 것이 근본적으로 바뀌었다. 대항해시대의 개막은 무엇보다도 동식물의 대대적 이동을 일으켰다. 토마토, 담배, 감자, 고구마, 호박, 고추, 옥수수, 땅콩, 파인애플 등의 식물이 신세계에서 구세계로 전파됐다. 반대 방향으로는 밀, 보리, 쌀, 귀리, 바나나, 감귤, 양파, 커피, 포도 등이 전해졌다. 동물도 마찬가지여서 소, 말, 돼지, 양, 당나귀, 고양이 등이 구세계에서 신세계로 전파됐고, 칠면조는 반대 방향으로 옮겨갔다. 이들 대부분은 사람들이 경제적 이익을 얻을 목적으로 이동시키고 정착시킨 동식물들이었다. 시간이 흐르면서 이들은 성장과 번식, 재배에 적합한 기후와 토질, 수요처를 찾아 지구 곳곳으로 퍼져갔다. 동식물의 세계화는 이렇게 이루어진 것이다.

18세기에 제작된 다음 그림도7-3을 보자. 페루 사람들의 경제 활동을 묘사한 이 그림의 윗부분에는 농부가 소를 이용해 밭을 가는 모습이 그려져 있다. 소는 대항해시대 이래 아메리카 대륙 곳곳으로 급속하게 널리 퍼진 가축이었다. 한편 아랫부분에는 요리를 하는 여성이 보이는

도7-3 아메리카의 생활상을 묘사한 그림, 18세기 페루

데, 재료는 아메리카가 원산지인 카사바라는 뿌리작물이다. 대항해시대 이후 카사바는 아프리카와 동남아시아로 전파됐고, 특히 아프리카에서는 가장 중요한 식량원이 되었다. 카사바 뿌리에서 추출한 녹말을 침전시킨 후 말리면 타피오카가 만들어지는데 이는 값싸고 질 좋은 탄수화물의 공급원이 됐다. 오늘날 타피오카는 소주의 알코올 발효 원료로 쓰이고 버블티의 재료로도 사용된다.

동식물의 세계화는 식량 증산과 같은 양적 변화뿐만 아니라 식단의 다양화라는 질적 변화도 가져왔다. 예를 들어 아메리카에서 건너온 고추는 인도에서 전통 음식인 카레의 풍미를 강화시켰고, 이것이 17세기가 되면 유럽의 요리책에 등장하기에 이르렀다. 한국인의 밥상에도 고춧가루를 넣어 만든 붉은색의 김치가 오르게 됐다. 중국으로 유입된 토마토는 케첩으로 개발되어 동남아시아 화교들을 통해 인도로, 그리고 다시 영국으로 전해졌다. 또한 유럽인의 식탁에는 아시아산 차, 아프리카산 커피, 아메리카산 코코아가 경쟁적으로 놓이게 됐다. 식후에 아메리카산 담배를 피우는 맛에 빠져들기도 했다. 바야흐로 음식과 기호품의 선택폭이 세계적으로 확대된 시대를 맞이한 것이다(8장 참조).

대항해가 이동시킨 것은 동식물만이 아니었다. 바이러스와 세균도 대양을 건너 세계적으로 퍼졌다. 천연두, 홍역, 발진티푸스와 같은 구세계의 질병이 신세계로 전파되어 엄청난 수의 희생자를 냈다. 반대 방향으로 옮겨간 질병으로는 매독이 손꼽힌다. 구세계에서 신세계로 전파된 질병들은 가축으로부터 사람에게 전이된 것이라는 공통점을 지녔다. 가

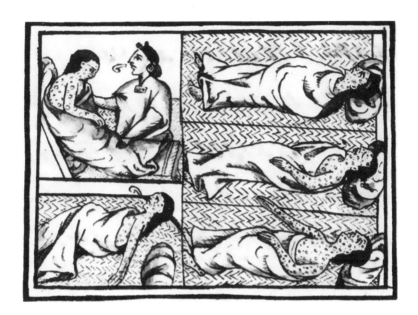

도7-4 천연두 희생자를 묘사한 그림, 『피렌체 코덱스』 12권, 16세기

축을 길들여 키운 역사가 실질적으로 없었던 신세계 사람들은 이런 질병들에 대해 면역력을 가질 기회가 없었던 것이다. 수많은 아메리카 원주민을 죽음으로 몰아넣은 대재앙의 생물학적 원인이 바로 여기에 있었다. 이와 함께 유럽인 정복자들이 원주민을 강제로 가혹하게 사역시키고 전통적인 공동체적 생활 터전을 가차 없이 파괴한 점이 대재앙의 사회적 원인으로 작용했다.

위의 그림도7-4은 천연두를 앓고 있는 아즈텍 원주민의 모습을 보여준다. 원주민의 손으로 그려진 그림이라는 점이 특별히 흥미를 끈다. 스페인의 프란체스코회 수사 베르나르디노 데 사아군Bernardino de Sahagún, c.1499~1590은 1545년부터 멕시코 지역의 전통 신앙과 문화, 풍습을 조사했다. 그는 원주민들이 사용하는 나우아틀어로 질문지를 작성해 부족장들에게 읽어주고 관련 자료를 가져오게 했다. 민속지학의 선구자라고 할 수 있는 그의 집요한 노력 덕분에 방대한 자료가 수집됐고, 이후『뉴스페인의 사물에 관한 일반 역사La Historia Universal de las Cosas de Nueva España』라는 제목의 책으로 출간됐다. 무려 2000장이 넘는 그림 자료를 포함한 이 문헌은 이탈리아 피렌체에 위치한 메디치아라우렌치아나도서관에 소장된 서책이라고 해서『피렌체 코덱스Florentine Codex』라고도 불린다. 이 기록에 따르면 천연두에 걸린 사람은 몸을 가누지 못할 정도로 고통스러워했고, 대부분이 금방 목숨을 잃었으며, 건강한 이들도 간병을 주저할 정도로 겁에 질렸다고 한다. 이 삽화는 비록 단순한 화법으로 그려졌지만 당시 아즈텍 원주민들이 겪었던 고통과 두려움이 고스란히 느껴지는 듯하다.

그렇다면 대항해시대의 개막은 지구 전체의 인구를 감소시키는 결과를 낳았을까? 단기적으로 보면 인구가 감소한 것이 분명하다. 콜럼버스가 아메리카에 상륙한 후 100년 동안 아메리카 원주민의 80퍼센트가량이 목숨을 잃었다고 역사가들은 추정한다. 아메리카 경제의 중심지였던 멕시코 중부 지역은 1530년대에 인구가 1600만 명을 넘었지만 불과 70년 후에는 16분의 1 수준인 100만 명으로 줄어들었다. 전쟁, 착취, 그리고 무엇보다도 낯선 질병이 야기한 재앙적 결과였다. 그러나 지구 전

도7-5 노예선 내부를 묘사한 그림, 1843년 프랑스

체로 보면 대항해시대 이후 부양 가능한 인구가 늘어났다. 밀, 쌀, 보리
와 같은 곡물이 전파되어 생산량이 늘어났고, 다른 작물을 재배하기 힘
든 지역에는 감자, 고구마, 옥수수가 널리 퍼졌다. 장기적으로 이 효과
는 인구 감소의 효과보다 훨씬 큰 영향을 주었다. 그 결과 1500년에 4억
6000만 명이었던 세계 인구는 1600년에 5억8000만 명, 1700년에 6억
8000만 명, 그리고 1800년에는 9억5000만 명으로 증가했다. 실로 엄청
난 속도의 인구 폭발이었다.

늘어난 인구가 모두 태어난 곳 가까이에서 일생을 살아간 것은 아니었다. 수많은 구세계 사람들이 새 삶을 찾아 신세계로 이주했다. 자발적으로 이민을 결정한 사람도 많았지만, 그렇지 못한 처지의 사람들도 많았다. 특히 대항해시대가 시작된 후 대서양을 가로지르는 노예무역이 크게 늘었다. 아프리카인이 노예의 처지가 되어 사하라사막 이남 지역으로부터 이슬람 무역망을 통해 각지로 팔려나간 역사는 깊다. 1500~1800년에 이곳에서 아프리카 북부와 아시아로 끌려간 노예가 200만 명에 육박했다. 그러나 같은 기간에 이곳에서 대서양을 건너 아메리카로 팔려간 노예는 무려 770만 명이 넘었다. 바야흐로 세계적 규모의 노예무역 시대가 열린 것이다. 19세기에 제작된 한 그림도7-5은 노예들이 빈틈없이 촘촘히 묶여 멀고 험난한 항해를 하는 모습을 묘사하고 있다. 이는 대항해시대 이래 변함없이 목격되어온 모습이었을 것이다.

학자들은 콜럼버스가 시작한 구세계와 신세계의 상호작용을 '콜럼버스의 교환Columbian Exchange'이라고 통칭한다. 이 콜럼버스의 교환은 동물과 식물, 미생물과 바이러스, 그리고 자유민과 예속민의 전 지구적인 이동을 불러왔다. 콜럼버스의 교환이라는 역사적 대사건의 본질을 한마디로 요약하자면 '유전자의 교환'이라고 할 수 있다. 이 과정은 다른 세계를 강압적으로 제압하고 경제적 이익을 뽑아내려는 인간의 욕망에 의해 진행되었다. 이것이 바로 15세기 말 이래 수세기에 걸쳐 지구를 단일한 경제권으로 묶은 세계화 과정의 핵심이었다.

커피, 차, 코코아가
경제 성장을 이끌다

기호음료의 세계화

도8-1

●
필리프 실베스트르 뒤푸르,
『커피, 차, 초콜릿의 새롭고
신기한 이야기』의 삽화,
1685년

세 사람이 한 자리에 모여 음료를 마시고 있다. 이들은 제각기 독특한 옷차림을 하고 있다. 자세히 보면 음료를 담은 용기의 모양이 다르고 잔의 형태도 서로 다르다. **이들은 어느 문화권을 상징하는 것일까? 그리고 이들이 마시고 있는 음료는 각각 무엇일까?**

17세기 후반 프랑스에서 출간된 책 『커피, 차, 초콜릿의 새롭고 신기한 이야기』를 펼치면 이 그림도8-1이 나온다. 저자는 무역업자인 필리프 실베스트르 뒤푸르Philippe Sylvestre Dufour, 1622~87라는 인물이다. 그는 유럽에서 해외로부터 수입하는 상품들 가운데 특히 기호음료에 관심이 많았다. 지적 호기심도 컸던 뒤푸르는 해외 경험이 풍부한 네덜란드 외교관과 예수회 신부들이 기호음료에 관해 쓴 글들을 꼼꼼히 찾아 읽었다. 그리고 마침내 당시 유럽에서 높은 인기를 구가했던 세 가지 수입 품목에 대한 책을 출간했다.

이 그림을 자세히 보자. 왼쪽 인물은 머리에 터번을 두르고 온몸을 긴 옷으로 가린 모습이다. 그가 손에 들고 있는 음료는 커피다. 가운데 인물은 중국 청나라 사람이다. 그는 차를 마시고 있다. 오른쪽 인물은 깃털로 만든 옷으로 신체의 일부를 가리고 있고 깃털 머리장식도 하고 있다. 그는 아메리카 원주민으로, 코코아를 마시고 있다. 뒤푸르의 책은 다양한 지역에서 수입한 기호음료들을 소개하면서 각 음료가 지닌 고유한 맛과 향기, 그리고 제조 방법과 건강상의 효능을 상세히 설명하고 있다.

이 세 가지 기호음료는 각기 독특한 역사를 품고 있다. 먼저 커피를 살펴보자. 커피는 아프리카의 에티오피아 지역에서 자생하던 식물의 열매가 기원이다. 음료로서의 커피에 대한 수요가 본격적으로 생겨나기 시작한 것은 중세에 이르러서였다. 이슬람 문화권으로 소개된 커피는 15세기에 예멘을 중심으로 널리 퍼져갔다. 특히 이슬람 수피 수도사들은 신에게 기도를 드리고 밤샘 수행을 할 때 커피의 각성효과가 유용하다는 사실에 주목했다. 커피는 곧 예멘을 벗어나 메카와 메디나로 전파됐고, 다시 카이로, 바그다드, 콘스탄티노플로 확산됐다. 16세기에는 이슬람권 전역에서 커피가 무슬림의 신앙생활을 돕는 역할을 수행했다. 게다가 이슬람교에서는 종교적으로 술을 마시는 행위가 금지되어 있어서 커피는 사람들의 교유를 풍성하게 하는 촉매제로도 기능했다.

16세기 말에는 유럽으로 커피가 소개됐다. 이 과정에 대해 한 가지 흥미로운 이야기가 전해진다. 1683년 오스트리아와 유럽의 연합군은 강력한 오스만제국 군대의 침략에 힘겹게 맞서야 했다. 이른바 '빈의 포위 Siege of Vienna'라고 불리는 사태였다. 포위 상태가 계속되어 유럽군에게 전세가 불리해지자 진영 내에서 항복이 불가피하다는 의견이 나돌았다. 그러자 폴란드 장교 예지 프란치셰크 쿨치츠키Jerzy Franciszek Kulczycki, 1640~94가 오스만 복장으로 위장하고 적의 포위망을 뚫고서 바깥의 동맹 세력과 접촉하는 데 성공했다. 곧 지원군이 반격해줄 것이라는 반가운 소식을 받아들고 쿨치츠키는 오스만의 포위망을 넘어 유럽군 진영으로 무사히 돌아왔다. 이 정보에 따라 유럽군은 방어를 계속했고 지원군의 반격이 곧 뒤따른 덕분에 오스만 군대를 협공해 승전고를 울릴 수 있었다. 쿨치츠키는 전쟁 영웅이라는 칭송과 더불어 여러 가지 포상을 받았는데, 그 가운데 하나가 퇴각한 오스만 군대가 남기고 간 다량의 이슬람 커피콩이었다. 이를 이용해 그는 1686년 빈에 유럽 최초의 커피하우스 '푸른 병 아래의 집Hof zur Blauen Flasche'을 열게 되었다는 게 이야기의 결말이다.

전쟁에서 공훈을 세우고 그 결과로 커피하우스를 열었다는 쿨치츠키의 이야기는 마치 한 편의 드라마처럼 들린다. 그런데 놀랍게도 그 이야기는 실제로 드라마였다. 1783년 오스트리아의 가톨릭 신부 고트프리트 울리히Gottfried Uhlich가 쿨치츠키 이야기를 그럴싸하게 지어냈던 것이다. 사실 빈 최초의 커피하우스는 쿨치츠키보다 1년 앞서 문을 열었다.

한편 서유럽에는 영국과 네덜란드 동인도회사들의 국제 무역망을 통해 커피가 전해졌다. 17세기 말 영국에만 3000개가 넘는 커피하우스

도8-2 윌리엄 홀랜드, 「로이즈커피하우스, 런던」, 1789년

가 문을 열어 손님들을 유혹할 정도로 커피의 인기는 대단했다. 이후 커피는 중산층의 음료로 자리를 잡았다. 금융업자들은 하루 일과가 끝나면 커피하우스에 모여 새로운 정보를 교환하고 새 사업을 구상했다. 세계적 보험업자협회인 로이즈Lloyd's도 런던 시내의 로이즈커피하우스 Lloyd's Coffeehouse에서 시작됐다.도8-2 선박의 출항 스케줄과 세계적 교역품의 가격에 대한 자료를 신문 형태로 발간하면서 이곳은 점차 진정한 금융기관의 역할을 하게 되었고, 마침내 1770년대에 보험회사로 정식 출범하게 됐다. 커피하우스는 비즈니스의 공간만이 아니었다. 지식인들

이 논쟁을 벌이고 사상을 공유하는 데에도 제격이었다. 당시 계몽주의라는 새로운 사조는 커피 향기와 더불어 유럽 전역으로, 그리고 대서양 너머 아메리카로 퍼져나갔다.

차의 역사는 커피보다 훨씬 길다. 차는 중국 남서부 지역이 원산지인데 이미 한나라 사람들이 즐겨 마셨다는 증거가 있다. 수나라와 당나라시대에는 우리나라와 일본에도 전파될 만큼 차의 인기가 폭넓었다. 당의 선비 육우陸羽가 쓴 『다경茶經』은 차의 재배법, 가공법, 품질 평가, 다구茶具, 음용법 등에 대한 지식이 얼마나 상세했는가를 잘 보여준다. 이후 여러 왕조를 거치면서 차의 생산지가 확대됐고 가공법도 다채롭게 개발됐다.

차가 유럽에 전해진 것은 장거리 무역 덕분이었다. 우선 아시아 항로를 개척하고 마카오에 무역기지를 건설한 포르투갈 상인들이 차의 존재를 널리 알렸다. 이어서 네덜란드의 동인도회사가 최초로 중국 녹차를 수입해 암스테르담 시장에 풀었다. 이를 계기로 많은 유럽인들이 차의 은은한 맛과 향기에 빠지게 되었다. 18세기 화가 요제프 판 아컨 Joseph van Aken, c.1699~1749이 그린 그림도8-3이 보여주듯 그리 풍족하지 않은 사람들도 차를 즐길 수 있었다. 특히 영국에서는 동인도회사가 수입한 막대한 물량의 차가 대중을 도취시켰다. 18세기 중반에는 수입 가격의 인하에 힘입어 차가 영국인들 사이에 '국민음료'로 자리를 잡았다.

코코아는 중앙아메리카가 원산지인 음료다. 약 3000년 전부터 멕시코 유카탄반도와 과테말라 지역에서 올멕인과 마야인이 카카오를 재

도8-3 요제프 판 아켄, 「차 파티」, 1719~21년

배했고, 여기서 나오는 카카오콩을 가공해 초콜릿과 코코아 음료를 얻었다. 14세기에 미스텍족이 제작한 그림문자도8-4를 보면 왕좌에 앉은 군왕(오른쪽)이 신에게 코코아 음료를 바치는 모습을 보여준다. 오늘날에는 주로 단단한 고체 형태의 초콜릿을 만들어 먹지만, 초콜릿이 개발된 19세기 초 이전에 전 세계 사람들은 늘 따뜻한 음료 형태로 카카오콩을 소비했다. 중앙아메리카 사람들도 코코아를 즐겼는데 특히 거품이 가득한 형태를 최상급으로 여겼다. 다음 그림도8-5에서처럼 코코아를 담은 잔을 높이 들고서 바닥에 놓인 잔에 따르기를 반복함으로써 거품이 풍부

도8-4 **코코아를 바치는 장면,** 「코덱스 주시―너틀(Codex Zouche-Nuttall)」, 14세기

한 코코아를 얻을 수 있었다.

코코아를 처음 접한 유럽인은 다름 아닌 탐험가 콜럼버스였다. 1502년 그와 선원들이 온두라스 해안에 상륙했을 때 아즈텍 부족장이 가져온 선물 중에 카카오콩이 있었다. 그들은 코코아 음료를 만들어 콜럼버스에게 건넸지만 콜럼버스는 이 '쓰디쓴 물'에 아무런 감흥을 느끼지 못했다. 이 일화가 말해주는 것은 무엇일까? 코코아가 아즈텍제국에서 높은 가치를 지니고 있었다는 점이다. 국가적 의례와 종교적 예식에서 코코아는 빠져서는 안 되는 핵심 구성요소였다. 권력자와 엘리트층

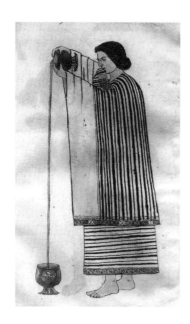

도8-5 **코코아 음료를 만드는 아즈텍 여인,**
「**코덱스 투델라(Codex Tudela)**」, 16세기

의 권력과 권위를 상징하는 음료였기 때문이다. 아즈텍 황제 몬테수마 Montezuma는 거대한 창고를 두고서 자신이 정복한 사람들에게 카카오콩을 조공으로 바치도록 강요했다. 또한 아즈텍인들은 카카오콩을 화폐로 사용하기도 했다. 콜럼버스는 이런 가치를 전혀 알아채지 못했다. 그러나 그로부터 17년 후 아즈텍제국의 수도 테노치티틀란을 점령한 스페인 출신의 정복자 에르난 코르테스 Hernán Cortés, 1485~1547는 달랐다. 이 눈치 빠른 정복자는 코코아를 스페인으로 가져갔고, 코코아는 곧 값비싼 음료로서 유럽인들의 입맛을 사로잡았다. 커피와 차가 북유럽 신교도 중산층의 음료였다면 코코아는 남유럽 구교도 귀족층의 음료였다.

이제 다시 첫번째 그림도8-1으로 돌아가보자. 17~18세기에 경제적으로 넉넉한 유럽인들은 세계적 음료 중에서 무엇을 마실지 선택할 수 있었다. 아프리카 원산의, 아랍 세계에서 건너온 커피를 마실까? 중국으로부터 수입한 차를 마실까? 아니면 중앙아메리카 인디오들이 아꼈던 코코아를 마실까? 15세기 말에 시작된 대항해시대 그리고 이후에 전개된 중상주의 경쟁의 시대를 거친 후 적어도 부유한 유럽인들은 세계화된 기호음료를 골라 마실 자유를 얻었다. 뒤푸르의 책은 이런 선택의 자유를 획득한 돈 많은 유럽인들에게 글로벌한 신제품을 소개하고 소비를 부추길 목적으로 기획된 간행물이었던 것이다.

물론 이런 선택의 자유가 가난한 노동자에게까지 주어진 것은 아니었다. 노동자들은 이들 중 하나도 사서 마실 수 없는 형편이었다. 하지만 그들에게 기회가 완전히 봉쇄된 것은 아니었다. 다행히 기호음료의 수입이 증가함에 따라 가격이 점차 낮아져갔다. 그렇다면 노동자는 구매력을 키우기 위해 어떻게 대응했을까? 하나는 노동 시간을 늘리는 것이었다. 적게 일하고 적게 버는 것보다 많이 일하고 많이 버는 게 낫다고 생각하는 이들이 늘어났다. 또하나는 자급자족적 생산을 그만두고 시장에 판매할 수 있는 물품 위주로 생산하는 것이었다. 이런 변화들은 실제로 유럽의 산업화 과정에서 중요한 역할을 했다. 예를 들어 18세기에 영국이 세계 최초로 산업혁명에 들어서게 된 데에는 기술의 진보나 자본 공급의 증가와 같은 공급 요인도 작용했지만 소비 욕구의 증대라는 수요 요인도 중요하게 작용했다. 경제사학자들은 '산업industrial' 혁명과 대비해 '근면industrious' 혁명이라는 용어를 만들어 수요 변화가 경제 발전에 끼치는 영향을 강조했다. 세계화된 커피, 차, 코코아에 대한 소비 욕망은 바로 '근면혁명'이라는 역사적 변화를 이끈 핵심 원동력이었다.

쌍둥이 금융거품,
세계 경제를 뒤흔들다

국제 금융거품의 원조

도9-1
●
우도 케플러,
「월스트리트 거품—늘 변함없이」,
『퍽』에 게재, 1901년

황소 모습을 한 중년 남성이 의자에 앉아 있다. 그는 파이프를 입으로 불어 비눗방울을 만들어서 공중으로 띄우고 있다. 오른쪽에서는 여러 사람들이 정신없이 거품을 쫓아가고 있다. 신사복을 차려입은 사람부터 작업복을 착용한 사람, 농부 차림인 사람, 귀부인 복장을 한 사람까지 다양하다. **이 그림은 어떤 상황을 묘사하고 있을까? 황소 모습의 이 인물은 누구이며, 거품을 쫓는 사람들은 누구일까?**

먼저 두 가지 힌트를 살펴보자. 첫째, 황소 인간 앞에 기계가 놓여 있다. 이 기계는 기업들의 현재 주가를 보여주는 주식시세 표시기다. 둘째, 비눗방울의 표면에 뭔가 적혀 있다. 자세히 보면 '부풀려진 가치 inflated values'라는 글자를 확인할 수 있다. 이제 상황이 분명해진다. 이 그림은 주식시장의 거품을 묘사하고 있는 것이다. 그렇다면 황소로 묘사되어 있는 이 인물은 누구일까? 세계 경제를 쥐고 흔든 금융계의 큰손 중의 큰손인 J. P. 모건J. P. Morgan이다. 그는 19세기 후반 영국 자본을 신흥 공업국인 미국으로 끌어온 인물이다. 20세기 초에는 미국의 전기·철도·철강 산업에 막대한 자금을 공급한 인물이다. 그리고 1907년 금융공황이 발생하자 특유의 카리스마로 은행가들 사이에서 합의를 이끌어낸 비공식적 중앙은행장 같은 인물이기도 하다. 그는 선이 굵은 얼굴에 건장한 체구를 지녔기에 황소에 비유될 만했다. 하지만 주식시장에서 황소는 별도의 의미를 지닌다. 불 마켓bull market, 즉 주가가 가파르게 오르는 상승 장세를 의미한다.

미국의 풍자만화가로 유명한 우도 케플러Udo Keppler, 1872~1956는 대중잡지 『퍽Puck』에 월스트리트에 대한 만평도9-1을 발표했다. 이 그림이 발표된 1901년은 뉴욕 주식시장에서 최초의 거품 붕괴가 발생한 해였다. 금융가들이 철도회사의 주가를 경쟁적으로 부양하다가 발생한 사태였다. 금융의 역사에서 가장 유명한 사건으로 보통 1929년 대공황의 상징이 된 뉴욕 주식시장의 대폭락을 예로 드는데, 1901년의 주가폭락은 이런 금융공황의 전조였던 셈이다. 모건이 거품 생성에서 붕괴로 이어지는 일련의 과정을 배후에서 조종한다는 소문이 퍼지면서 이와 같은 만평이 등장하게 되었다.

여러 나라의 금융시장을 동시적으로 흔들 만한 국제적 공황은 경제 세계화가 가속화된 19세기 말부터 본격적으로 발생했다. 그렇다면 국제적 금융공황의 원조는 무엇일까? 주식시장을 포함한 근대적 금융제도가 마련되기 시작한 중상주의 시대로 거슬러 올라가야 한다. 1637년 네덜란드에서 튤립공황이 발생했지만, 이 거품 붕괴의 영향은 네덜란드 국내에 한정됐고 경제에 미친 충격도 제한적이었다고 평가된다. 좀더 본격적인 국제적 금융공황은 1720년에 발생했다. 중상주의 강국으로 부상하던 영국과 프랑스에서 거의 동시에 거품이 터졌다.

먼저 영국의 사례를 보자. 사건의 중심에는 영국의 남해회사The South Sea Company가 있었다. 18세기 초 국채 증가로 신음하던 영국 정부는 수익성이 있는 무역독점권을 특정 기업에게 부여하면서 그 대신 이 기업이 주식을 발행해 국채 소유자들에게 내주는 방안을 기획했다. 정부는 재정의 안정을 얻을 것이고, 채권자들은 국채 대신 기업의 주식을 받을 수 있는 선택권을 갖게 되며, 기업은 독점적 무역으로 이익을 얻을 것이라는 계산이었다. 모두를 만족시킬 수 있는 절묘한 해법으로 보였다. 오늘날로 보자면 재정개혁이 필요한 정부가 주도적으로 마련한 구조조정 방안이었다. 여기서 특정 기업이 남해회사였고, 무역독점권은 스페인령 중남미로의 노예무역에 대한 것이었다.

1711년에 주식회사 형태로 남해회사가 설립되었고 1720년 국채의 주식전환이 곧 개시된다는 소식이 들려왔다. 이와 함께 정부와 왕실 인사들이 투자에 적극적으로 참여하고 있다는 소문이 퍼지면서 주가가 폭등하기 시작했다. 1720년 초 128파운드였던 주가는 7월에 900파운드를 넘어섰다. 주식으로 횡재를 한 사람들에 대한 뉴스가 퍼져나갔고 주가 상승은 앞으로도 계속될 듯 보였다. 사람들은 기회를 놓칠세라 앞다투어 주식을 사들였다.

그렇지만 투기 과열에는 끝이 있게 마련이었다. 부풀어오른 가치가

도9-2 에드워드 매슈 워드, 「남해 거품, 1720년 '체인지 앨리'의 풍경」, 1847년

터져버린 순간이었다. 1720년 8월부터 주가가 폭락해 이듬해 초에는 원래 수준으로 떨어졌다. 과열의 끄트머리에서 '상투를 쥔' 투자자들은 대규모 손실을 입었다. 영국 빅토리아시대에 활동하던 화가 에드워드 매슈 워드Edward Matthew Ward, 1816~79는 19세기 중반에 돌아본 남해회사 과열의 풍경을 그림으로 남겼다.도9-2 투기 열풍이 한창 뜨거울 때 남해회사 주식을 구매하기 위해, 또는 남해회사 주식의 전망에 대한 풍문을 듣기 위해 거리를 가득 메운 인파를 보여준다. 일반 대중이 모두 주식에 관심을 쏟게 되는 시점이 곧 '상투'라는 점을 이들은 모르고 있었다. 장밋빛

II. 확장하는 세계

흥분으로 가득한 이 거리는 곧 분노 어린 울분의 거리가 될 운명이었다.

저명한 과학자 아이작 뉴턴Isaac Newton도 남해회사에 주식을 투자해 손실을 입었다. 그는 초반에 매입한 주식을 상승장에서 두 배의 가격으로 팔아 이득을 보았다. 하지만 주가가 계속 상승하자 마음이 흔들려 다시 거액을 투자했다가 매각 타이밍을 놓치고 결국 구입가의 절반 가격에 팔아치워야 했다. 당대의 석학이자 1699년 조폐국 장관으로 임명되고, 1703년 왕립협회의 회장에 올랐으며, 1705년에 기사 칭호를 받은 인물이 주식투자로 거액을 잃었다는 뉴스는 세간의 관심을 끌기에 충분했다. 합리적 · 과학적 사고의 대명사이자 상류사회의 중심인물로서 누구보다 많은 정보를 얻을 위치에 있었던 뉴턴이 큰 손실을 보다니! "불규칙한 천체의 움직임을 계산할 수는 있지만 대중의 광기는 계산할 수 없다"고 뉴턴이 한탄했다는 출처 불명의 이야기가 이후 널리 퍼졌다.

당시 남해회사 거품을 풍자하는 내용을 담은 카드 그림도9-3이 있다. 이 그림에는 자그마한 섬에 커다란 나무가 있다. 나무에 올라탄 사람들 중 일부는 바닷물로 뛰어들고 있고, 일부는 나뭇가지에 힘겹게 매달려 있으며, 일부는 모래밭에서 바닥이 얕은 물속으로 조심스레 발을 들여넣고 있다. 그림 아래에는 "무모한 바보들은 남해에 몸을 던져 익사하게 되니 조심해서 깊은 물을 피하는 게 상책"이라는 문구가 적혀 있다. 주식 광풍이 가져오는 위험에 대한 경고성 메시지였다.

같은 해 프랑스에서는 더 큰 규모로 금융공황이 발생했다. 여기에서는 미시시피회사Mississippi Company가 중심에 있었다. 주인공은 존 로

도9-3 남해회사 거품을 풍자한 카드, 1720년

John Law라는 스코틀랜드 출신의 금융가였다. 로의 인생은 참으로 파란만장했다. 그는 스코틀랜드에서 불법적 결투로 사형을 언도받은 후 탈옥해 암스테르담으로 숨어들었다. 영민한 두뇌를 가진 그는 세계적 경제 중심도시에서 벌어지는 금융의 변화를 분석해 현실경제에 대한 감을 키웠다. 로는 재정 문제로 골머리를 앓고 있던 프랑스를 자신의 경제 실험장으로 삼기로 마음먹었다. 그래서 그는 루이 15세의 섭정인 오를레앙 공작 필리프 2세에게 접근하여 프랑스 경제를 재건할 야심찬 계획을 펼쳤다. 우선 미시시피회사를 통해 북아메리카의 광활한 프랑스령 루이지애나 지역에 대한 무역독점권을 획득했다. 프랑스가 지배권을 보유한 이 지역은 로의 계획에 따르면 미시시피회사에게 엄청난 금전적 이득을 안겨줄 보물이었다. 다음 그림도9-4이 그의 장밋빛 청사진을 보여준다.

도9-4 「미시시피 항구에서 프랑스인과 멕시코 인디오의 교역」, 1720년경

수많은 프랑스 상인들과 원주민들이 만나 부산스럽게 서로 흥정을 하는 장면이 번화한 항구를 배경으로 펼쳐지고 있다.

다음 단계로 미시시피회사는 주식을 발행해 투자자들을 대대적으로 모집했다. 이어서 지폐를 발행할 권리를 가진 은행을 만들고 인위적으로 통화 공급을 결정했다. 그리하여 로는 무역독점권과 주식회사가 연결된 영국 모델에다 발권은행을 덧붙인 경제 체제를 확립했다. 이제 프랑스에서는 주가를 높게 유지하기 위해 화폐 발행을 늘릴 수도 있게 됐다. 그만큼 거품의 규모가 커졌고, 거품이 꺼질 때 투자자가 입게 되는 손실도 커졌다. 실제로 1년 사이에 미시시피회사의 시가총액은 무려 97퍼센트나 폭락했다. 한 시대를 풍미한 '금융 천재' 존 로의 역사적 실험은 이렇게 비참한 파국을 맞았다. 결국 로는 해임되어 프랑스에서 추방당했고, 그후 여러 나라를 전전하며 도박을 하면서 힘든 여생을 보냈다.

1720년에 발생한 금융거품을 풍자하기 위해 네덜란드에서 제작된 그림도9-5도 있다. 영국, 프랑스와 마찬가지로 네덜란드에서도 같은 해에 주식시장이 폭락했다. 중상주의의 세 중심국에서 발생한 금융위기는 서로에게 영향을 주며 충격을 확대했다. 그해의 금융공황이 국제적이었다는 의미다. 그림을 자세히 보면, '주식의 바다' 한가운데에 광대 모자를 쓴 미치광이 얼굴 모양의 섬이 위치해 있다. 이 섬의 발견자는 '로-렌스Law-rens'이고 섬의 주민들은 '주주'라는 이름으로 불린다. 주변에 있는 작은 세 섬은 각각 '빈곤' '슬픔' '절망'이라고 명명되어 있다. 양 옆의 풍경도 이런 풍자를 뒷받침한다. 왼쪽에는 손실을 본 투자자들이 떼를 지

II. 확장하는 세계

도9-5 「미친 머리라는 유명한 섬의 이미지」, 1720년

어 로의 사무실로 몰려가 항의하고 있다. 오른쪽에는 실성한 투자자가 수레를 타고 정신병자 수용시설을 향해 가고 있다.

1637년 네덜란드에서 발생한 튤립공황이 최초의 근대적 금융공황이었다면, 1720년에 영국과 프랑스에서 발생한 쌍둥이 금융공황은 거품의 생성과 붕괴가 단발성이 아니라 자주 발생할 수 있는 현상이라는 점을 보여주었다. 실제로 금융공황은 1720년 이후 오늘날까지 점점 높은 빈도로 발생하고 있다. 금융거품은 과연 피할 수 없는 운명인가? 아직까지 우리는 금융공황의 역사로부터 충분한 교훈을 얻지 못한 것으로 보인다.

혹독한 시행착오 끝에
북극해 항로를 개척하다

북극항로 탐험

나무로 지은 건물이 있다. 길고 곧은 목재를 사용해 지은 집이다. 집 안팎으로 10여 명의 인물이 보인다. 실내에 있는 사람들도 두꺼운 옷과 모자를 착용하고 있는 걸 보면 매우 추운 지역인 게 분명하다. 집 밖을 보면 황량한 땅에 산은 흰 눈으로 덮여 있다. 이렇게 추운 지역에서는 나무가 제대로 자랄 수 없을 것이다. **그렇다면 이 건물은 어떻게 만들어졌을까? 그리고 그림 속의 인물들은 누구일까?**

이 그림도10-1을 자세히 보자. 등장인물들은 모두 건장한 남성이다. 중앙에 놓인 화롯불을 중심으로 둥글게 모여 음식을 만들거나 불을 쬐고 있다. 그 옆으로 환자가 누워 있고, 뒤편에는 칸막이가 있는 침상이 보인다. 탁자에는 모래시계가 놓여 있고 총과 창을 벽에 기대어 세워두었다. 건물 밖에서 창을 거머쥔 사내가 안으로 들어오려고 한다. 이들은 일반인이 아니며 또한 이 집은 일반주택이 아니다.

이들은 추운 바다를 뚫고 항해를 하던 선원들이었다. 1596년 암스

도10-2 헤릿 더 페이르, 『빌럼 바렌츠와의 세 차례 북극지역 탐험』의 삽화, 1598년

테르담을 출발해 빙산과 유빙이 가득한 거친 북극해를 뚫고 동아시아로
이어지는 항로를 개척하려고 시도한 빌럼 바렌츠Willem Barentsz와 그의
일행이었다. 지도제작자이자 탐험가였던 바렌츠에게는 이번이 세번째
도전이었다. 그런데 그의 선박은 시베리아 북쪽의 노바야 제믈랴Novaya
Zemlya라는 곳을 지나다가 빙산에 갇혀 손상을 입고 말았다. 열여섯 명
의 탐험대원들은 이듬해 초여름까지 인근 해안에서 긴 겨울을 날 수밖
에 없었다. 주변에서 나무를 구할 길이 없어서 배의 갑판을 뜯어내 집을
짓기로 했다. 면적 43제곱미터(13평)의 움막이 그렇게 만들어졌다. 목

수로서 탐험대에 참가했던 네덜란드 장교 헤릿 더 페이르Gerrit de Veer, c.1570~?는 탐험을 하는 동안 일기를 남겼고, 이는 이후에 『빌럼 바렌츠와의 세 차례 북극지역 탐험』이라는 책으로 출간되었다. 이 그림은 헤릿 더 페이르의 일기에 기초한 이 책에 수록된 삽화다.

대원들은 혹독한 겨울을 버텨냈다. 목숨을 위협하는 북극곰을 잡았고도10-2 북극여우를 사냥해 털옷을 만들어 입었다. 신선한 음식이 부족해 괴혈병을 피할 수 없었다. 극한의 고생 끝에 이듬해 6월에 대원들은 마침내 악몽 같은 상황을 탈출해 다시 바다로 나아갈 수 있었다. 그러나 그들을 이끌던 지도자 바렌츠는 안타깝게도 곧 사망을 하고 말았다.

유럽인들은 왜 엄청난 위험을 무릅쓰고 북극해를 통과하고자 했을까? 그들의 목적은 아시아로 가는 해상 교역로를 확보하는 데 있었다. 대항해시대가 개막된 지 얼마 되지 않은 시점이었다. 아프리카를 남쪽으로 돌아 인도양으로 들어서는 항로는 포르투갈이 이미 선점하고 있었고 항해 거리도 무척 길었다. 한편 콜럼버스의 항해 이후 아메리카 대륙의 존재가 알려지자 탐험가들이 아메리카를 관통해 아시아로 가는 항로를 찾아나섰다. 그러나 머지않아 남아메리카 최남단의 마젤란해협 외에는 통로가 없다는 게 판명됐다. 결국 남은 가능성은 북극해뿐이었다. 유럽에서 북극해를 거쳐 베링해협을 통과해 아시아에 이르는 항로를 찾을 수만 있다면 운송비를 크게 절감하게 될 것이고 무역으로 엄청난 이득을 얻을 수 있음이 분명했다. 대항해의 후발국이었던 영국, 네덜란드, 프랑스의 입장에서는 북극항로의 개척이 더욱 절실했다. 북극해를 지나는 통로로는 두 가지 항로가 유망해보였다. 하나는 러시아 북쪽 경계를 따라 지나가는 북동항로였고, 다른 하나는 캐나다 북쪽을 거치는 북서항로였다. 바렌츠가 개척하려고 했던 항로가 바로 북동항로였다. 그는 난파지역을 벗어나지 못한 채 숨을 거두고 말았지만, 항해했던 뱃길을 해도에 정확히 표시하고 많은 기상자료를 남김으로써 북극해 탐험 역사에 중요한 발자취를 남겼다.

바렌츠의 뒤를 이어 수많은 탐험가들이 북동항로에 도전했지만 280년 동안 아무도 성공하지 못했다. 1878년에 스웨덴의 지리학자 아돌프 에리크 노르덴셸드Adolf Erik Nordenskiöld가 이끄는 증기선이 출항했다. 유빙과 안개로 인해 무수한 난관에 부딪혔지만 그의 탐험대는 우여곡절 끝에 1년 만에 마침내 태평양에 들어서는 길목에 도달했다. 최초로 북동항로를 뚫은 역사적 순간이었다. 스웨덴 화가 예오리 폰 로센Georg von Rosen, 1843~1923은 탐험대장 노르덴셸드의 카리스마 넘치는 모습을 묘사한 그림도10-3을 남겼다. 그의 탐험대는 그림의 배경에 보이는 베가Vega호를 타고 계속 남하해 일본의 요코하마에 이어서 홍콩, 싱가포르, 수에즈운하, 리스본을 거쳐 스톡홀름으로 돌아왔다. 참으로 감격스럽고 영광스러운 귀환이었다.

북서항로를 찾으려는 노력은 북동항로보다 더 일찍 시작됐다. 1497년 영국의 존 캐벗John Cabot(이탈리아어로는 조반니 카보토)이 왕실의 후원으로 탐험에 나선 것이 시초였다. 16세기에는 자크 카르티에 Jacques Cartier, 마틴 프로비셔Martin Frobisher, 그리고 한때 해적으로 유

도10-3 예오리 폰 로센, 「아돌프 에리크 노르덴셸드와 베가호」, 1886년

도10-4 존 화이트, 「마틴 프로비셔 일행과 이누이트」, 1578년

명했던 프랜시스 드레이크Francis Drake 등이 항로 개척을 시도했다. 그
러나 모두 실패를 거듭했다. 무시무시한 얼음덩이, 거센 조류, 살을 에
는 듯한 추위를 극복하기 어려웠을 뿐만 아니라 북극권에서는 나침반
이 제멋대로 작동해 방향을 잡기 힘들었던 것이다. 게다가 탐험 도중
에 이누이트와 마주쳐 갈등을 빚는 경우도 있었다. 존 화이트John White,
c.1540~c.1593가 그린 1577년 마틴 프로비셔의 탐험 장면도10-4은 이러한

II. 확장하는 세계

상황을 보여준다. 탐험의 목적은 귀금속을 함유한 광석을 발견하는 것, 그리고 아시아로 통하는 해로를 찾는 것이었다. 프로비셔의 탐험대는 그린란드 부근에서 예상치 못하게 이누이트를 만나 전투를 벌였다. 탐험대가 지닌 총과 이누이트의 활, 탐험대의 목선과 이누이트의 카누가 문명 충돌의 현장을 여실히 드러내고 있다.

북서항로를 개척하려는 노력도 북동항로와 마찬가지로 19세기에 이를 때까지 뚜렷한 진전을 보지 못했다. 나폴레옹전쟁에서 승리하고 제해권을 장악한 영국은 1819년 탐험가 윌리엄 패리William Parry를 앞세워 북서항로 개척의 열망에 새로이 불을 지폈다. 패리는 두께 7.5센티미터의 두툼한 참나무 판자로 배를 감싸 유빙과의 충돌에 대비했고 당시 새로운 발명품이었던 통조림으로 식량을 준비했다. 이런 노력의 결과로 패리는 누구도 가보지 못한 북극제도의 깊은 지점까지 도달하는 데 성공했다. 비록 항로 개척을 완성하지는 못했지만 큰 진전임은 분명했다.

독일 낭만주의를 대표하는 화가 카스파어 다피트 프리드리히Caspar David Friedrich, 1774~1840가 그린 「얼음바다」라는 작품도10-5은 패리 탐험대의 모습을 소재로 한다. 날카롭게 쪼개진 얼음판들이 서로를 밀쳐내며 바다를 뚫고 공중으로 치솟아오르는 듯하다. 마치 큰 돌들을 쌓아올려 만든 거대 묘지석처럼 느껴지기도 한다. 오른쪽에 침몰한 배의 고물이 보인다. 화가는 탐험선의 최후를 종교적 무게를 담아 비장미 넘치게 표현했다. 극지를 묘사한 그림 가운데 이보다 더 인상적인 작품은 드물 것 같다. 후대의 화가들 중에도 이 그림에 깊은 감흥을 느낀 이가 많았

도10-5 카스파어 다피트 프리드리히, 「얼음바다」(일명 「희망의 난파」), 1823〜24년

다. 하지만 이 그림은 화가가 세상을 떠날 때까지 아무도 사려고 하지 않았다고 한다. 분위기가 너무 무겁다고 여긴 탓이었을까? 아니면 당시로서는 구도가 너무 파격적이라고 생각해서였을까?

패리 이후에도 북서항로 개척을 위한 도전은 계속되었다. 1845년 영국 해군 출신인 존 프랭클린John Franklin은 대규모 탐험대를 이끌고 그린란드 서쪽으로 나아갔다가 2년 후 실종됐다. 그로부터 약 10년 후에 파견된 수색대는 이누이트에게서 정보를 얻어가면서 프랭클린 탐험대를 찾아나섰다. 결국 탐험대의 마지막 흔적을 찾았고 129명 모두가 사망했음을 확인했다. 참으로 안타까운 점은 여러 시신의 팔다리가 잘려 있었다는 사실이었다. 생존의 마지막 수단으로서 동료의 살을 먹는 참혹한 사태에 이르렀던 것이다. 모두가 처절하게 피하고 싶었으나 어쩔 수 없이 맞게 된 지옥 같은 상황이었다.

수많은 희생을 낳은 북서항로 개척사는 1906년 마침내 노르웨이 청년 로알 아문센Roald Amundsen에 의해 마침표를 찍게 된다. 그는 존 프랭클린이 쓴 탐험기를 탐독하고서 극지 탐험가가 되기로 마음을 먹었다. 선배 탐험가 프리드쇼프 난센Fridtjof Nansen의 도움으로 작은 목선을 구한 아문센은 여섯 명의 대원과 함께 1903년 오슬로항을 떠났다. 3년에 걸쳐 목숨을 건 항해를 한 끝에 그의 탐험대는 마침내 베링해협에 이르는 데 성공했다. 이로써 아문센은 북서항로를 최초로 개척한 인물이 되었다. 열혈청년 아문센의 탐험정신은 여기서 그치지 않았다. 그는 1911년 세계 최초로 남극점에 도착했고, 1920년에는 북동항로를 두번째로 통과한 항해가가 되기도 했다. 1926년에는 비행선을 타고 북극점 상공을 횡단하는 비행을 했다. 아문센이야말로 극지 탐험을 위해 태어난 인물이라는 칭송을 들을 만했다.

북극항로는 개척된 이후에도 오랜 기간 무역에 이용되지 못했다. 연중 운항 가능한 기간이 짧고 비용이 많이 들고 사고의 위험이 컸기 때문이다. 그런데 오늘날 북극항로가 새로이 주목을 받고 있다. 지구 기온이 올라가면서 항로의 경제성이 높아졌기 때문이다. 네덜란드의 로테르담에서 수에즈운하를 거쳐 우리나라 부산까지 오는 데에는 거리가 2만 1000킬로미터에 이르고 선박 운항시간은 24일에 달한다. 그런데 북동항로를 통하면 거리가 1만2500킬로미터, 운항시간이 14일로 단축될 수 있다. 우리 경제에 유용한 기회가 될 수 있을 것으로 기대된다. 인류의 경제발전사에 달갑지 않은 부작용인 지구온난화가 대항해시대 이래 인류가 꿈꿔온 북극항로 이용을 현실화하고 있다는 사실을 어떻게 받아들여야 할까? 참으로 난감하고 씁쓸하다.

프랑스, 요리의 중심 국가로 떠오르다

프랑스 요리

17세기 프랑스 왕궁에서 국왕이 주최하는 만찬이 열리고 있다. 맨 안쪽 중앙 테이블에 국왕이 앉아 있고 양 옆으로 길게 놓인 테이블에 하객들이 빼곡히 자리하고 있다. **이 만찬 풍경이 오늘날의 만찬과 결정적으로 다른 점은 무엇일까? 프랑스의 요리 문화는 어떤 역사적 변화를 거쳐 오늘날에 이르렀을까?**

프랑스 화가 아브라함 보스Abraham Bosse, c.1604~76가 제작한 이 판화작품도11-1은 1633년 루이 13세가 퐁텐블로성에서 개최한 만찬 풍경을 묘사하고 있다. 종교전쟁이 한창이던 16세기에 성령기사단이 설립되었는데, 새로 50명의 기사를 확충한 것을 기념해 만찬이 열린 것이다. 우리의 시선을 끄는 것은 요리를 담은 수많은 접시들이다. 테이블을 빼곡히 채우고 있을 뿐만 아니라 심지어 테이블 가장자리를 넘어설 정도다. 현대의 전형적인 프랑스 만찬과는 전혀 다른 모습이다. 오늘날이라면 개별

참석자 앞으로 시종들이 요리를 순차적으로 날라주는 방식, 즉 코스 요리였을 것이다. 서양의 만찬 문화에 보편적으로 퍼져 있는 코스식 접대 방식이 17세기에는 프랑스의 국가적 만찬 행사에서도 찾아볼 수 없었다는 뜻이다. 그렇다면 프랑스 요리는 어떤 역사적 변화를 거쳤을까?

프랑스 역사에 여러 차례 등장하는 인물들 가운데 카트린 드 메디시스Catherine de Médicis가 있다. 오른쪽 그림도11-2에서 보석 장식이 화려한 옷차림을 하고 있는 인물이다. 카트린은 당시 여인으로서는 드물게 다방면에서 시대적 변화를 이끈 인물이었다. 이탈리아의 거대 금융가문인 메디치가 출신으로, 교황 클레멘스 7세의 뜻에 따라 1533년 프랑스의 왕자 앙리공과 정략결혼을 하게 됐다. 당시는 가톨릭과 위그노, 즉 구교도와 신교도 간의 갈등이 한창 고조되던 시기였다. 카트린은 프랑스의 종교 갈등이 최고조에 이르러 극적으로 폭발한, 이른바 성 바르톨로메오 축일 대학살사건에 등장한다. 1572년에 딸 마르그리트가 나바르의 앙리(훗날의 앙리 4세)와 혼인하는 것을 계기로 가톨릭이 위그노 지도자와 교도들을 학살하는 사건이 발생했다. 파리에서 시작된 피의 물결은 전국으로 퍼져나가 사상자가 무려 1만 명에 이르는 대참사로 확대되었다. 이 참혹한 학살의 배후에 카트린의 치밀한 계략이 있었다고 일부 역사가들은 주장한다. 만일 카트린이 배후 조종자였다면 그녀는 프랑스 사회를 폐쇄적이고 불관용적으로 만든 장본인이었다고 할 수 있다.

그러나 카트린은 이와는 정반대의 방향으로 프랑스 역사에 또다른 영향을 끼치기도 했다. 다른 나라와의 문화 교류와 개방화를 선도했던

도11-2 「카트린 드 메디시스의 초상」, 1547~59년

도11-3 아브라함 보스, 「미각」, '오감' 연작 중 하나, 1638년경

것이다. 카트린은 프랑스로 건너올 때 이탈리아에서 많은 요리사와 시종들을 데려왔다. 이때까지 단조로운 식단과 식사 문화를 유지했던 프랑스 궁정에서 이들은 엄청난 변화를 불러일으켰다. 이때 발생한 변화들로 식사 때 포크를 사용하기 시작했다는 점, 파스타의 유행을 낳았다는 점, 다양한 소스가 등장했다는 점, 상추·아티초크·브로콜리와 같은 채소를 소개했다는 점, 신세계에서 온 토마토와 칠면조를 요리 재료로 삼았다는 점 등을 역사가들은 예로 든다. 즉 식사 에티켓이 세련되어지고 소스가 다양해졌으며 요리 재료도 풍부해졌다. 한마디로 말해 프

Ⅱ. 확장하는 세계

랑스 요리 문화가 개방화되고 고급화됐던 것이다. 화가 보스의 '오감' 연작 가운데 하나인 「미각」도11-3은 변화된 식사 문화를 잘 보여준다. 프랑스에 새로 소개된 아트초크 요리가 식탁의 주인공이다. 남성은 왼쪽의 소년이 차가운 구리 통 안에 보관했다가 따라주는 시원한 포도주를 맛보고 있다. 과거와 달리 살레트salette라는 식사 전용 공간에서 미각을 향유하고 있다는 점도 이 시기의 새로운 특징이다.

물론 모든 역사가들이 이런 평가에 동의하는 것은 아니다. 어떤 역사가는 이탈리아 요리가 프랑스에 소개된 시점이 이보다 앞선다고 반박한다. 또 포크가 이때 발명된 것이 아니라 긴 진화 과정을 겪었다고도 말한다. 그렇지만 카트린이 이들을 프랑스에서 유행시킴으로써 궁정과 상류층 문화에 커다란 영향을 끼쳤다는 점은 부인하기 어렵다.

이후 프랑스 요리는 비약적으로 발전했다. 1651년에 프랑수아 피에르 라 바렌François Pierre La Varenne은 다양한 조리법을 모아 『프랑스 요리사Le Cuisinier François』라는 요리책을 출간했다. 이 책은 이후 75년 동안 무려 30판이나 발행될 만큼 인기를 끌었고 영어, 독일어, 이탈리아어 등 다양한 언어로 번역 출간됐다. 그야말로 국경을 뛰어넘는 베스트셀러이자 스테디셀러였다. 또 루이 14세 때에는 왕비가 전문적인 요리학교를 세워 솜씨가 뛰어난 우등생에게 파란 리본을 수여했다. 첫번째 그림도11-1에 등장한 성령기사단이 제복에 파란 리본을 달았는데, 이들의 만찬이 최고의 요리와 동일시된 것이 파란 리본을 수여하게 된 연원이라는 설이 있다. 어쨌든 이 요리학교의 관습이 뿌리를 내렸고 파란 리본,

도11-4 토머스 쇼터 보이스, 「바이엘 가와 장티종 가의 코너」, 1831년

즉 '코르동 블뢰cordon bleu'는 실력이 출중한 요리사에게 수여하는 영예로운 칭호가 됐다. 한참 후인 19세기 말에 이 이름을 딴 전문 요리학교가 설립되어 국제적 명성을 누리게 된다.

18세기가 되어 유럽 전역에서는 프랑스 요리의 위상이 굳건해졌다. 요리와 향연에 관한 담론이 프랑스어로 소통됐고, 각국 왕실과 상류층이 앞을 다투어 프랑스 요리사들을 불러들여 고용하는 게 유행했다. 음식을 전문으로 파는 장소인 '레스토랑'이 처음 탄생한 곳도 프랑스였다. 이전까지 사람들이 외식을 할 수 있는 곳은 여인숙과 술집뿐이었는데, 1765년 불랑제Monsieur Boulanger라는 인물이 파리에 최초의 근대적인 음식점을 연 것을 계기로 전문 음식점이 확산됐다. 19세기 영국의 화가 토머스 쇼터 보이스Thomas Shotter Boys, 1803~74가 그린 그림도11-4에서 이 역사적 레스토랑의 외양이 어떤 모습이었는지 확인할 수 있다. 문 앞에 서 있는 요리사는 이 레스토랑이 처음 문을 연 후 60여 년이 지난 시점에도 굳건하게 영업을 계속하고 있었음을 말해준다.

레스토랑의 확산은 1789년에 발생한 프랑스대혁명과 관련이 깊다. 혁명이 진행되는 동안 지방에서 파리로 올라온 사람들은 식사를 할 장소가 필요했다. 한편 구체제 하에서 귀족 집안에서 일하던 요리사들은 귀족 세력이 몰락함에 따라 새 일자리를 찾아나서게 됐다. 이런 역사적 배경에서 외식에 대한 수요와 공급이 만나 레스토랑이라는 요리시장을 형성했다. 이후 다양한 음식점이 등장하고 종류가 분화해 수많은 고객의 배고픔을 채우고 미각세포를 만족시켜갔다.

요리와 만찬의 전문성은 19세기에 이르러 한 단계 더 도약한다. 프랑스 요리를 고급문화로 승격시킨 데 가장 혁혁한 공을 세운 이는 마리 앙투안 카렘Marie-Antoine Carême, 일명 앙토냉 카렘Antonin Carême이라는 요리사였다. 프랑스뿐만 아니라 영국과 러시아의 궁정에서도 최고급 요리사로서 유명세를 떨친 인물이다. 카렘의 중요한 업적으로 우선 프랑스 요리를 집대성한 점을 들 수 있다. 그는 네 가지 기본 소스를 정하고 여기에 와인, 치즈, 허브 등을 넣어 100여 가지 파생 소스를 만들었다. 기본 소스에는 프랑스 전통 소스뿐만 아니라 스페인과 네덜란드에서 발달한 소스도 포함시켰다. 이로써 카렘은 프랑스 요리가 범 유럽적 대표성을 지니도록 격상시켰다. 또한 그는 페이스트리나 케이크처럼 상대적으로 덜 발달됐던 분야에서도 혁신적 요리들을 창안했다.

한편 카렘은 요리사의 표준 복장을 확립하는 데에도 관심을 기울였다. 오늘날 우리가 익숙하게 접하는 요리사 복장이 그로부터 연원한 셈이다. 특히 토크toque라고 부르는 흰색의 높고 둥근 모자는 요리사의 상징과도 같은데 이것이 바로 카렘의 발명품이다. 토크의 우선적 기능은 당연히 조리 중인 음식에 머리카락이 떨어지는 것을 막는 것이다. 그러나 전형적인 토크에 101개의 주름이 있는 이유는 따로 있다. 요리사가 달걀을 조리하는 방법을 101가지나 알고 있다는 자부심의 표현이다. 조리법을 마스터한 최고의 요리사라는 직업적 긍지와 자신감을 한껏 담은 상징물인 것이다.

카렘의 기여는 여기서 그치지 않는다. 그는 모든 음식을 한꺼번에 식탁에 차리던 전통적인 서비스 방식을 과감하게 버렸다. 이 '프랑스식 서비스'에서는 기껏해야 수프, 식사, 디저트의 간단한 구분이 있었을 뿐이다. 손님들은 식탁 위에 한꺼번에 올라와 있는 수많은 요리들을 이것저것 조금씩 맛보는 데 익숙해 있었다. 카렘은 이를 대신해 메뉴에 적힌 순서대로 개별 음식을 각 손님들에게 순차적으로 올리는 코스 방식을 프랑스에 전파했다. '러시아식 서비스'라고 불린 이 코스 방식은 음식이 따뜻한 상태로 나온다는 장점이 있었다. 또 많은 식기와 시종이 필요했으므로 주최측이 부를 한껏 과시할 수 있다는 점도 중요했다. 오른쪽 그림도11-5에서 러시아식 서비스를 위해 차려진 식탁의 모습을 볼 수 있다.

•

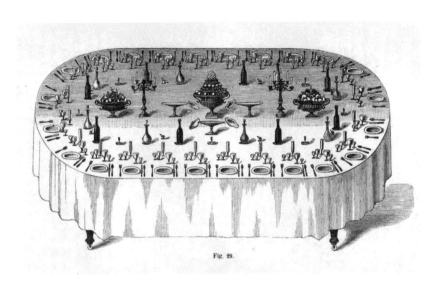

도11-5 러시아식으로 준비된 만찬 테이블, 1880년경

카렘은 러시아 궁정을 접했던 경험을 살려 러시아식 서비스를 프랑스에 도입했고, 이후 코스 요리는 유럽의 만찬 문화에서 국제적 표준으로 자리를 잡았다. 카렘의 과감한 혁신 덕분에 프랑스 요리는 명실상부 서양의 요리 문화를 대표하는 지위에 오르게 된 것이다.

오늘날 서구 요리하면 프랑스 요리를 꼽는 게 당연해보이지만, 애초부터 그랬던 건 아니다. 또한 프랑스 요리가 프랑스인의 손으로만 발전했던 것도 아니다. 여러 국가에서 발달해온 다양한 재료와 조리법, 그리고 접대 방법이 프랑스에서 창의적인 융복합 과정을 거쳐 오트 퀴진Haute cuisine, 즉 최고급 요리 문화로 재탄생했다고 봐야 할 것이다.

산업사회의
형성

—

주술적인 비법이
근대 과학의 초석이 되다

연금술과 과학

어두운 실내에서 한 노인이 무릎을 꿇은 채 뭔가를 올려다보고 있다. 그의 시선이 향한 곳은 둥근 플라스크에서 새어나오는 흰 빛줄기다. 이 노인은 실험에 열중하고 있는 연금술사다. 입구를 밀봉한 플라스크에는 액체가 들어 있고 가열 기구에 연결되어 있다. 주변에는 다양한 용기와 책이 보인다. 뒤로 보이는 두 소년은 실험을 도우면서 연금술을 배우는 도제일 것이다. **환한 빛을 뿜어내고 있는 플라스크에는 어떤 액체가 담겨 있는 것일까? 연금술사는 이 실험으로 무엇을 얻었을까?**

이 그림도12-1은 18세기 말 영국 화가 조지프 라이트Joseph Wright of Derby, 1734~97가 그린 작품이다. 그는 과학기술과 산업혁명을 소재로 한 그림을 많이 남겼다. 공기 펌프를 이용한 실험, 천문 관측기구를 설명하는 강의, 철공소의 제철작업 등이 대표적 소재였다. 어느 그림에서건 그는 빛과 그림자가 낳는 대조의 효과를 극대화해 보여주었다. 이 그림도 예외가 아니다. 얼핏 보면 이 그림은 종교적 구도자를 묘사한 듯하다. 건물의 기둥과 천장은 성당과 비슷해 보이고 달빛이 비치는 창문은 스테

인드글라스를 연상시킨다. 주인공은 무릎을 꿇고서 마치 성스러운 기적을 목격하듯 엄숙한 표정을 짓고 새하얀 빛줄기를 외경심 가득한 시선으로 바라보고 있다.

그러나 그림의 주인공은 구도자가 아니다. 함부르크 출신으로 상인이었다가 연금술사로 직업을 바꾼 헤니히 브란트Hennig Brand라는 실존 인물이다. 1669년 브란트는 오줌이 노란색이라는 점에 착안해 오줌으로부터 금을 추출하고자 실험에 나섰다. 오줌을 끓인 후 잔여물을 다시 고온으로 가열하면 연기가 발생하는데 이 연기를 응축시켜 끈적이는 흰색 용액을 얻었다. 신기하게도 이 용액에서는 차가운 느낌의 흰 빛이 뿜어져 나왔다. 브란트는 자신의 실험이 성공적이라고 생각했을 것이다. 이 그림이 바로 그런 순간을 포착하고 있다. 그러나 이렇게 얻은 물질은 그의 기대와는 달랐다. '빛을 나르는 물질'이라는 뜻으로 인phosphorus, 燐이라고 명명된 이 물질은 10여 년 후 최초의 근대적 화학자라고 불리는 로버트 보일Robert Boyle에 의해 독립적 원소로 밝혀지게 된다. 오늘날 사람의 뼈를 구성하는 요소로 알려진 물질이며 화약과 비료의 주요 성분이기도 하다. 브란트는 금을 얻는 데에는 실패했지만 미지의 신물질을 추출하는 데에는 성공한 셈이다.

연금술사는 누구인가? 세상에서 얻기 힘든 궁극의 물질을 만들어내는 방법을 찾는 사람이다. 이 궁극의 물질은 '현자의 돌philosopher's stone'이라고 불렸다. 현자의 돌은 납이나 수은과 같은 이른바 '근원 물질'을 황금으로 변환시키는 효능을 지닌 물질로 이해됐다. 또한 모든 질병을 치유하며 영원한 젊음과 불멸을 가져다주는 '엘릭시르elixir'라는 신비의 약물이라고도 여겨졌다. 말하자면 연금술은 천상에서나 있을 법한 완벽성에 도달하는 것을 목표로 한 탐구 행위였다.

연금술은 뿌리가 깊다. 현생에서 구하기 어려운 귀중한 물질을 얻고자 하는 인간 욕망의 연원이 긴 만큼 연금술의 역사도 긴 게 당연하다. 역사가들은 중국과 인도와 지중해 연안에서 연금술이 독자적으로 발달했으며 적어도 3000년 전에 이미 초창기 연금술의 기본 틀이 형성됐다고 한다. 하지만 연구의 목적과 범위와 방법이 워낙 다양했기 때문에 이 모두를 하나의 흐름으로 보기는 어렵다. 연금술이 인류 역사에 중요하게 등장한 것은 이슬람 세계에서였다. 이슬람 연금술은 헬레니즘시대 이집트의 알렉산드리아에서 발달한 연금술에 연원을 두고 있다. 특히 8세기에 자비르 이븐 하이얀Jābir ibn Hayyān이라는 연금술사가 획기적 기여를 했다. 그는 기존의 연금술에서 신비주의적인 요소들을 걷어내고 엄밀한 실험을 통해 객관적으로 탐구하는 방법을 확립했다. 이러한 연구법이야말로 이슬람 연금술을 다른 문화권의 연금술과 차별화하는 결정적 차이점이었다. 자비르는 결정화와 증류 등에 관해 책을 저술하고 오늘날까지 사용되는 실험도구들도 개발했다. 그의 선구적 연구를 이어받아 이슬람 연금술사들은 끊임없이 실험을 진행했고 그 과정에서 염산, 황산, 질산 등 여러 물질을 찾아냈다.

이슬람 연금술은 12세기부터 유럽으로 전해졌다. 이슬람 영향권에 속해 있었던 스페인 도시들에서 아랍어 원전이 라틴어로 번역되어 소개

도12-2 「게베르의 초상」, 프랑스 판화, 1584년

된 덕분이었다. 자비르는 게베르Geber라는 이름으로 유럽에 널리 알려
졌다.도12-2 과거에 연금술의 전통이 유럽에 없었던 것은 아니다. 헬레니
즘 시기 이집트의 연금술은 유럽에도 전파돼 신비주의와 점성술의 전통
을 만들었고 그리스의 자연철학 전통도 이어져 내려오고 있었다. 그렇
지만 12세기 이후에야 이 이론들과 이슬람 연금술이 융합되어 유럽 특
유의 연금술로 발전했던 것이다.

연금술에 관한 옛 그림들은 한눈에 이해하기가 쉽지 않다. 상징과 비유가 많기 때문이다. 한 예로 아래 그림^{도12-3}을 보자. 이 그림은 연금술사이자 의사였던 레온하르트 투르나이저Leonhard Thurneysser, 1531~c.1595가 쓴 『퀸타 에센시아Quinta Essentia』에 수록된 삽화다. 그림 속 주인공은 실험을 이끄는 연금술사다. 두 손에 든 용기에서 변화가 일어나고 있고, 아래에 놓인 두 용기에는 근원 물질인 황과 수은의 부호가 각각 적혀 있다. 연금술사의 몸은 절반은 남성, 절반은 여성으로 그려져 있

도12-3 레온하르트 투르나이저, 『퀸타 에센시아』의 삽화, 1574년

다. 상이한 두 성질의 결합을 표현한 것이다. 또한 그림은 네 부분으로 나뉘어 있는데, 오른쪽 위 제1사분면부터 시계방향으로 각각 다혈질, 담즙질, 점액질, 우울질이라고 적혀 있다.

고대 그리스인들은 만물이 공기(뜨겁고 습함), 흙(차갑고 건조함), 물(차갑고 습함), 불(뜨겁고 건조함)의 네 원소로 구성되어 있다고 믿었다. 그리고 인체도 이를 반영해 피, 흑담즙, 점액, 황담즙의 네 가지 체액으로 구성되어 있으며, 이들의 비중에 따라 그림에 표현된 것처럼 상이한 네 가지 기질이 나타난다고 생각했다. 바로 아리스토텔레스의 4원소설과 히포크라테스의 4체액설이다. 또한 그림의 각 사분면에는 부호들이 세 개씩 등장하는데, 이들은 점성술에 나오는 12별자리를 의미한다. 이렇듯 중세 유럽의 연금술은 오래 전승되어온 다양한 요소들을 결합하고 독특한 부호를 써서 이를 기록했다.

연금술사들이 사용한 비밀스러운 상징과 비유는 사람들을 현혹하는 수단이 되기도 했다. 자신을 연금술사라고 소개하는 사기꾼에게 속아 피해를 입는 사람들이 속출했다. 단테나 초서 같은 작가들이 연금술사를 신랄하게 비판한 데에는 그럴 만한 이유가 있었다. 연금술이 물질을 변화시키는 진짜 기술이라 해도 여전히 문제였다. 마음대로 금을 만들어낼 수 있다면 화폐제도가 대혼란을 맞을 테니 말이다. 영국에서는 이런 우려로 1404년에 연금술을 처벌하는 법률이 제정됐다. 1689년 연금술로 금을 합성할 수 없다는 보일의 주장이 받아들여질 때까지 이 법률은 유효했다. 한편 유럽의 군주 중에는 연금술의 잠재력에 주목한 인

도12-4 얀 마테이코, 「연금술사 센디보기우스와 지그문트 3세」, 1867년

물들이 있었다. 대표적 예로 17세기 초 폴란드의 국왕 지그문트 3세를 들 수 있다. 그는 연금술에 심취해 센디보기우스Sendivogious라는 유명한 연금술사의 실험을 적극적으로 후원했다. 폴란드 화가 얀 마테이코Jan Matejko, 1838~93가 제작한 그림 「연금술사 센디보기우스와 지그문트 3세」도12-4는 국왕과 연금술사의 만남을 묘사하고 있다. 지그문트 3세는 만일 연금술을 통해 황금을 얻을 수만 있다면 자신의 숙원사업인 영토 확장, 가톨릭 수호, 예술 부흥을 쉽게 달성할 수 있을 것이라고 기대했을 것이다.

중요한 점은 모든 연금술사가 엉터리인 게 결코 아니었다는 사실이다. 연금술사들 중에는 일생을 연구에 바친 이들이 분명 있었다. 그들은 연금술에서 신비적이고 주술적인 요소들을 제거함으로써 객관적이고 과학적인 탐구의 길을 모색했다. 자연의 원리를 밝히고자 한 이들의 부단한 노력이 있었기에 훗날 합리성을 강조하는 과학혁명이 일어날 수 있었던 것이다. 연금술은 허위고 과학은 진리라는 이분법적 인식은 역사적 진화 과정을 무시하는 견해다.

과학의 발달에 연금술이 끼친 기여를 잘 보여주는 사례가 뉴턴의 연구다. 뉴턴은 수학, 천문학, 광학, 물리학 등 여러 자연과학 분야에서 빛나는 진보를 이룬 최고의 석학이었다. 이분법적 시각에서 보자면 뉴턴은 미신적인 연금술의 시대에 종지부를 찍고 과학과 계몽의 시대를 연 지식 거인임이 분명했다. 그런데 흥미롭게도 뉴턴이 연금술에 심취했었다는 사실이 밝혀지고 있다. 뉴턴이 사망한 지 두 세기가 지난 1936년 뉴턴의 미발표 원고들이 경매시장에 나왔다. 이를 눈여겨본 이는 다름 아닌 경제학자 케인스John Maynard Keynes였다. 인류사의 지식 거인들이 남긴 자료에 관심이 많았던 케인스가 뉴턴의 유작을 체계적으로 수집하고 정리한 덕분에 사람들은 뉴턴의 연구 활동을 생생하게 재구성할 수 있게 되었다. 이 유작을 검토한 과학사학자들은 뉴턴이 연금술 탐구에 무척 많은 시간을 투여했다는 점에 깜짝 놀랐다. 뉴턴의 유작 329묶음 가운데 무려 3분의 1 이상이 연금술에 관련된 것이었다. 예를 들어 뉴턴의 연구 노트에는 연금술사들이 사용하던 여러 부호가 등장하고 근원 물질의 제조법에 관해 상세하게 기록되어 있었다. 연금술이 처벌 대상이던 시대에 당대 최고의 과학자였던 뉴턴이 연금술에 심취했다니! 케인스는 뉴턴을 "이성의 시대의 첫 인물"이 아니라 "마지막 마술사"라고 보아야 한다는 평가를 남겼다.

　뉴턴의 여러 연구에 연금술의 영향이 깊이 배어 있다는 주장도 있다. 대표적 사례가 광학 이론이다. 뉴턴은 암실을 만들고 작은 구멍을 통해 들어오는 태양광선을 프리즘에 비추는 실험을 했다. 백색광이 무지개와 같은 스펙트럼으로 펼쳐지는 것을 보고 뉴턴은 굴절률이 서로 다른 여러 색깔의 광선들이 백색광 속에 원래 존재한 것임을 밝혀냈다. 또한 스펙트럼을 프리즘에 통과시키면 다시 백색광이 얻어진다는 점도 확인했다. 아래 그림도12-5은 이런 원리를 묘사한 뉴턴의 스케치다. 뉴턴의 이론

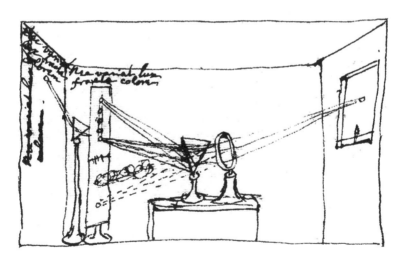

도12-5 광학을 설명한 아이작 뉴턴의 실험 노트, 1660년대경

은 연금술과 일맥상통하는 측면이 있다. 물질을 쪼개면 기본 성분들을 얻게 되고 이들을 조합하면 새 물질을 만들 수 있다는 것이 연금술의 핵심적 논리니 말이다. 이렇듯 연금술은 과학자에게 실험이라는 방법론만을 전해준 것이 아니라 때때로 중요한 통찰력을 제공하기도 했던 것이다.

뉴턴의 표현처럼 근대 과학의 발달은 앞선 거인들의 높은 어깨가 있었기에 가능했다. 거인의 리스트에는 유명한 서양 과학자들만이 아니라 다른 문화권에서 오래 활동해온 연금술사들도 포함돼야 마땅할 것이다. 연금술사는 때로 신비주의적 접근법으로 과학의 진보를 방해하기도 했지만, 인류의 긴 역사를 놓고 본다면 시행착오를 통해 과학 발전의 토대를 마련했다고 볼 수 있기 때문이다.

13

공부 반 유흥 반, 엘리트 수학여행을 떠나다

그랜드 투어의 명암

도13-1
●
조반니 파올로 파니니,
「판테온과 다른 기념물들」,
1735년

로마를 대표하는 건축물들이 화폭을 채우고 있다. 오늘날까지 남아 있는 유명 건축물이 다소 낡은 모습으로 묘사되어 있다. 건축물 앞쪽에는 여러 기념물들과 동상들이 자리를 차지하고 있다. **이 그림은 얼마나 정확하게 로마의 실제 모습을 묘사한 작품일까? 그리고 어느 시기에, 어떤 목적으로 제작된 것일까?**

이탈리아 화가 조반니 파올로 파니니Giovanni Paolo Panini, 1691~1765는 로마의 풍경을 많이 그렸다. 「판테온과 다른 기념물들」이라는 제목의 이 그림도13-1에도 고대 로마를 대표하는 건축물과 기념물이 즐비하다. 맨 왼쪽에는 하드리아누스신전이 있고 그 옆으로 유명한 판테온신전이 위용을 과시하고 있다. 그 오른쪽에는 하늘 높이 뾰족하게 솟은 테오도시우스의 오벨리스크가 있다. 이어서 베스타신전과 메종카레, 그리고 마르켈루스극장이 자리하고 있다. 그림의 중앙에는 로마제국의 황제이자

『명상록』의 저자인 마르쿠스 아우렐리우스Marcus Aurelius의 기마 동상이 서 있다. 좌우로 다른 조각들도 여럿 보인다.

그런데 그림 속 구도는 실제 로마의 모습과는 거리가 멀다. 로마 어디에서도 이렇게 여러 개의 고대 구조물이 촘촘하게 모여 있는 풍경을 찾아볼 수 없기 때문이다. 심지어 메종카레는 프랑스 남부의 님에 있고 테오도시우스의 오벨리스크는 터키 이스탄불에 있다. 사실 파니니는 각기 다른 곳에 위치한 다양한 건축물과 기념물을 하나의 캔버스에 포함시켰다. 그리고 여기에 로마 사람들의 모습을 곳곳에 배치해 그림의 구도를 완성했다. 이렇게 건축물과 명소 등을 머릿속에서 이리저리 섞어 풍경화 형태로 재구성한 그림을 '카프리초capriccio'라고 부른다. '공상'이나 '변덕'을 의미하는 단어다. 파니니는 이런 부류의 작품을 무척 많이 그린 작가였다. 그는 왜 수많은 카프리초 작품들을 제작한 것일까? 도대체 어떤 사람들이 그의 그림에 각별한 관심을 보였을까?

파니니가 이 그림을 제작한 해는 1735년이었다. 그 시기에 유럽에서는 그랜드 투어Grand Tour가 큰 인기를 누리고 있었다. 그랜드 투어는 상류층 젊은이들이 비싼 돈을 들여 떠나는 개인 수학여행을 말한다. 16세기에 시작되어 19세기까지 계속되었고 18세기가 그랜드 투어의 전성기였다. 그랜드 투어의 참가자는 유럽 전역에서 나왔지만, 특히 영국인들이 가장 적극적인 투어리스트였다. 우선 섬나라 영국이 역사적으로 유럽의 변방이었기 때문에 영국인들에게는 중심지를 직접 찾아보고 문화적 열등감을 떨치고 싶은 열망이 있었다. 1688년 명예혁명 이후부

Ⅲ. 산업사회의 형성

터 계속된 정치적 안정과 중상주의 시대를 거치면서 쌓인 경제적 여유가 여행을 현실화하는 바탕이 됐다. 출판업이 발전하면서 여행에 대한 정보를 쉽게 얻을 수 있었고 유럽 대륙에서 종교 갈등이 많이 누그러져 이탈리아와 프랑스에서 신교에 대한 반감이 낮아진 점도 여행을 결심하게 만드는 요인으로 작용했다. 또한 상류층은 옥스퍼드와 케임브리지대학이 제공하는 교육이 진부하다는 불만을 지니고 있었다. 이런 여러 이유가 복합적으로 작용하여 영국의 귀족과 중산층은 자제들을 로마나 파리와 같은 유럽 주요 도시들로 보내 언어, 역사, 지리, 예술, 건축에 대해 공부하고 사회와 문화를 체득하는 기회를 갖도록 장려했다. 그랜드 투어는 점차 엘리트들에게 필수적인 수학여행처럼 인식됐다.

그랜드 투어는 개인에 따라 목적과 기간에 차이가 크고 시기적으로도 변화가 있었다. 그러나 일반적으로 보면 그랜드 투어는 대체로 2~3년 동안 이루어졌고, 프랑스와 이탈리아 및 다른 국가들을 두루 거치지만 로마가 궁극적 목적지인 경우가 많았다. 여행 전반을 책임지는 교사가 동행했다는 점도 특징이었다. 로코코시대 이탈리아 화가인 피에르 레오네 게치Pier Leone Ghezzi, 1674~1755가 그린 「곰을 이끄는 제임스 헤이 박사」도13-2라는 작품을 보자. 그림에 등장하는 어른이 동행교사인데 그는 사람 복장을 한 곰을 이끌고 있다. 부모의 눈길을 벗어난 자유로운 환경에서 철없이 유흥에 빠지기 쉬운 혈기 넘치는 젊은이는 마치 곰과 같아서 동행교사가 노련한 손길로 조련해야 한다는 메시지를 담고 있다.

도13-2 피에르 레오네 게치, 「곰을 이끄는 제임스 헤이 박사」, 1689~1755년

외국어를 구사할 줄 알고, 외국 문화와 역사에 대한 이해가 있으며, 매너가 세련되면서도, 교육자적 책임감을 지닌 사람이 동행교사로서 적격이었다. 그러나 모든 요소를 다 갖춘 동행교사를 찾기는 쉽지 않았다. 지체 높고 부유한 귀족은 대학의 교수들에게 꽤 좋은 조건을 제시하면서 동행교사가 되어줄 것을 요청했다. 동행교사 역할을 맡았던 인물 가운데에는 훗날 대단한 학자가 된 이들도 있었다. 대표적인 인물이 정치사상가 토머스 홉스, 철학자 존 로크, 그리고 경제사상가 애덤 스미스였다.

애덤 스미스는 글래스고대학에서 12년째 교수로 근무하던 1763년에 어린 버클루공작의 동행교사가 되어달라는 요청을 받았다. 1759년에 이미 『도덕감정론』이라는 저작을 출간해 교수로서의 기반이 탄탄했지만 교수 연봉의 두 배 수준인 보수를 받기로 하고 동행교사직을 받아들였다. 그는 약 3년간 그랜드 투어에 나섰는데 동행교사 역할을 크게 좋아하지는 않은 듯하다. 하지만 개인적으로 얻은 이득도 있었다. 파리에서 사상가 장 자크 루소, 중농학파 경제학자 프랑수아 케네, 작가 볼테르 등 당대 최고의 학자들을 만나 생각을 교류할 수 있었다. 또한 따분한 여행 일정 속에서 새로운 책의 집필을 구상하게 되었다. 이 책이 바로 1776년에 출간되어 세상을 뒤흔든 『국부론』이다.

그랜드 투어를 떠난 젊은이들은 이러한 엘리트 수학여행을 통해 어떤 변화를 경험했을까? 일부는 지식과 교양을 늘리고 매너를 익히는 성과를 거뒀다. 외국어 실력과 춤 솜씨, 예술적 심미안을 성공적으로 키우기도 했다. 외국에 대해 지녔던 편견을 깨고 시야를 넓힌 이들도 있었다.

또 여러 사람들을 만나 인맥을 다져 자신이 미래에 활용할 유용한 버팀목으로 삼기도 했다. 그러나 반대로 시간과 돈만 허비한 사례도 많았다. 가짜 골동품상과 떠버리 안내자에게 속아 탕진하거나, 겉멋만 들어 해외 명품 옷으로 치장하고 서투른 외국어와 얕은 지식을 내뱉는 속물이 되곤 했다. 또 외국에 대한 경멸과 자국에 대한 자부심만 드높여 오히려 편견 가득한 인물이 되기도 했다. 그랜드 투어를 바라보는 사회적 시선도 엇갈렸다. 미래를 이끌어갈 동량이 지식과 경험을 넓히는 소중한 기회라고 보는 견해와, 젊음과 돈만 낭비하는 과시적 소비 행태에 불과하다고 보는 견해가 맞섰다.

그랜드 투어를 직접 다녀오고 그 가치를 높이 평가한 인물로는 독일의 대문호인 괴테가 대표적이다. 아버지인 요한 카스파어 괴테Johann Caspar Goethe가 이탈리아를 여행하고 여행기를 남긴 지 반세기 후인 1786~88년에 괴테는 아버지처럼 이탈리아를 돌아보고 아버지처럼 여행기를 저술했다. 신고전파 화가인 요한 하인리히 빌헬름 티슈바인Johann Heinrich Wilhelm Tischbein, 1751~1829은 여행 중인 괴테의 모습도13-3을 그림으로 그렸다. 그는 이탈리아에서 만난 괴테를 목가적 분위기가 가득한 풍경을 배경으로 묘사했다. 괴테는 여행용 긴 외투 차림으로 먼 곳에 시선을 둔 채 사색에 잠긴 모습이다. 멀리 유적이 보이는 배경은 로마 근교의 캄파냐Campagna인데, 로마를 방문 중인 여행자들이 소풍을 나가곤 하던 장소였다. 괴테는 로마 땅을 밟은 날을 "진정한 삶이 시작된 날"이라고 말할 정도로 깊은 감명을 받았다. 그의 아들 아우구스트 폰 괴테August

도13-3 요한 하인리히 빌헬름 티슈바인, 「캄파냐에서의 괴테」, 1787년

von Goethe도 다시 반세기 후에 아버지의 권고에 힘입어 그랜드 투어를
떠나 이탈리아 여행을 즐겼는데, 안타깝게도 로마에서 숨을 거두고 말았
다. 괴테 집안이 3대에 걸쳐 열정적으로 그랜드 투어를 했다는 점에서 그
들이 이 여행의 가치를 얼마나 높이 평가했는지를 짐작할 수 있다.

　　물론 모든 그랜드 투어리스트들이 괴테만큼 학구적이었던 것은 아
니다. 역사적 유산에 대해 깊이 공부하기보다는 와인과 여인을 가까이
하고 화려한 패션과 파티에 빠져 시간 가는 줄 몰랐던 청년도 많았다. 타

도13-4 캐서린 리드, 「로마의 영국 신사들」, 1750년경

락과 방탕으로 아까운 청춘을 허비한다는 세간의 쓴소리가 근거 없는
비판은 아니었다. 한편 그랜드 투어가 실제로 얼마나 교육적이었는가와
상관없이 귀국을 앞둔 이들은 기념품을 마련하고 싶어 했다. 유적과 유
물을 배경으로 삼은 초상화는 이러한 목적에 부합하는 기념품으로 제격
이었다. 캐서린 리드Katharine Read, 1723~78가 그린 「로마의 영국 신사들」
도13-4은 이를 대표하는 작품이다. 콜로세움과 콘스탄티누스 개선문 앞에서 포즈를 취한 여러 명의 젊은이들이 대화를 나누고 있다. 고대 로마의 건축과 예술에 대해 진지하게 의견을 교환하는 모습을 담은 이런 집단 초상화야말로 그들이 가장 원했던 자신들의 모습이었다. 이런 부류의 그림을 '컨버세이션 피스conversation piece'라고 부른다.

여행객의 수요에 더욱 적극적으로 반응한 작가들도 있었다. 그 대표가 바로 맨 처음에 언급한 그림도13-1을 그린 파니니였다. 여러 건축물과 조각물을 하나의 그림에 담은 상상의 풍경화는 여행객의 구매욕을 자극하는 상업적 기념품이었다. 파니니의 '카프리초'가 구조물을 인위적으로 재구성한 작품이라면, 구조물 대신 그림들을 재구성한 작품도 있다. 요한 초파니Johann Zoffany, 1733~1810가 그린 「우피치의 트리부나」도13-5라는 작품이 대표적인 예다. 피렌체의 우피치갤러리는 메디치 가문이 수집한 수많은 명작들을 보관한 예술의 보고였고, 트리부나는 갤러리 공간 중 하나로 예술품을 모아놓은 팔각형의 서재를 의미했다. 이곳에는 라파엘로, 미켈란젤로, 루벤스, 홀바인 등 거장의 작품들이 가득했다. 1772년 영국 왕 조지 3세의 부인인 샬럿 왕비는 자신이 한 번도 가보지 못한 우피치갤러리를 그려달라고 초파니에게 의뢰했다. 초파니는 곧 피렌체로 건너가 그림 제작에 착수했다. 그는 왕비의 마음을 얻고 싶어서 원래 트리부나에 없었던 그림 일곱 점을 추가해 작품을 그렸다. 그리고 이 재구성을 도와준 사람들과 당시에 피렌체를 방문한 외교관, 미술수집가 등 실제 인물들을 그림 곳곳에 그려넣었다. 너무나도 많은 미술품과 사람들이 있어서 정신이 없을 정도로 복잡해 보이는 이 작품은

도13-5 요한 초파니, 「우피치의 트리부나」, 1772~77년

이렇게 탄생했다. 이 그림은 명작들을 하나도 빠지지 않게 보여주고, 원래 그곳에 없는 작품들도 인위적으로 재배치하고, 개별 등장인물이 누구인지 확인 가능하게 묘사함으로써, 그랜드 투어 시대의 특징을 가장 잘 느끼게 해주는 미술작품이 됐다.

그랜드 투어는 공부 반, 유흥 반의 여행이었다. 부유한 계층의 소수 엘리트만이 누릴 수 있는 독특한 체험 기회였다. 그랜드 투어가 끼친 영향은 어떻게 평가할 수 있을까? 긍정적 효과가 컸는지 부정적 효과가 컸는지는 쉽게 판단하기 어렵다. 그렇지만 적어도 서로 다른 지역의 사람들이 교류를 통해 서로에 대해 더 많이 알게 되었음은 분명하다. 여행객은 다른 이들이 속한 사회의 역사와 예술과 문화와 언어를 이해하게 됨으로써 자신의 시야를 넓히고 편견을 극복하는 계기로 삼았을 것이다. 어쩌면 자신이 특정 국가의 구성원일 뿐만 아니라 유럽이라는 더 큰 공동체의 일원임을 자각하게 만든 것이 그랜드 투어가 이룬 가장 중요한 역사적 역할이 아닐까.

범 유럽적 집단지성이 성과를 거두다

계몽주의에서 산업혁명으로

도14-1

●

제임스 에크포드 로더,
「제임스 와트와 증기기관—
19세기의 여명」,
1855년

한 사내가 의자에 앉아 뒤를 돌아보고 있다. 그의 눈길이 머문 곳에는 여러 실험기구들이 놓여 있다. 반대편의 책상 위에는 주인공이 손에 쥔 컴퍼스 아래로 도면이 펼쳐져 있다. 방 안 곳곳에 계측기구와 설계도구들이 눈에 띈다. 어떤 과학 실험을 하고 있는 것으로 보인다. **연구에 몰두하고 있는 이 인물은 누구일까?**

19세기 스코틀랜드 출신의 화가 제임스 에크포드 로더James Eckford Lauder, 1811~69가 제작한 이 그림도14-1의 주인공이 누구인지를 보여주는 가장 중요한 힌트는 주인공이 바라보고 있는 실험기구들의 아래쪽에 있다. 화로 위에 놓인 용기가 시뻘겋게 달아오른 채 증기를 내뿜고 있다. 그림의 주인공은 바로 제임스 와트James Watt다. 18세기 후반 영국 산업혁명의 핵심적 기술진보로 손꼽히는 증기기관의 발명가다.

그림에서 와트는 고독한 연구자의 모습으로 등장한다. 다소 산만한 분위기의 방 안에서 그는 실험과 사유에 온 정신을 쏟고 있다. 자신과의 외롭고 지난한 싸움인 연구에만 몰두한 끝에 마침내 세상을 놀라게 할 발명품을 내놓은 전설적인 발명가의 이미지다. 오늘날까지 대중들이 머릿속에 간직하고 있는 와트의 이미지이기도 하다. 과연 이 그림은 당시의 역사상을 잘 반영하고 있을까?

와트는 시대를 대표하는 위대한 발명가임에 틀림없다. 그의 증기 기관은 인류 역사에 중대한 전환점을 이루었다고 평가된다. 인류의 에너지 사용에 혁신적 변화를 가져왔기 때문이다. 그간 사람들은 인력, 축력, 풍력, 수력과 같은 에너지원에 의존해 생활했는데, 산업혁명 시기 영국에서는 증기기관 덕분에 수억 년 동안 땅속에 묻혀 있던 화석연료인 석탄을 새로운 에너지원으로 사용할 수 있게 된 것이다. 과거에는 인구가 늘어나면 필요한 에너지를 구하기 위해 주변 자연환경을 더 심하게 훼손해야 했다. 땔감을 얻기 위해 나무를 베어내거나 산기슭을 개간해 텃밭을 조성하는 것이 대표적 사례다. 주변 환경에 대한 인구 압박이 증가하는 탓에 인구는 장기적으로 계속 늘어날 수가 없다. 토머스 맬서스Thomas Malthus의 『인구론』이 바로 이런 통찰을 담고 있다. '맬서스 트랩'이라고 하는 이 인구 법칙을 벗어나게 한 전환점이 바로 산업혁명이었다. 화석연료를 사용함으로써 환경에 대한 인구 압박을 회피할 수 있게 되었기 때문이다. 다시 말해 와트의 증기기관은 인류가 인구를 지속적으로 증가시키면서도 그런 인구를 부양할 생산 능력을 갖게 만든 핵심 기술이었다.

도14-2 **로버트 시모어, 「운송기구」 도판 2, 1830년경**

물론 와트가 살던 시대에 모두가 그의 발명품에 호의적이었던 것
은 아니다. 19세기 삽화가이자 캐리커처 화가로 활동한 로버트 시모어
Robert Seymour, 1798~1836의 풍자화도14-2를 보자. 증기기관으로 작동하는
다양한 운송기구들이 사람들을 나르고 있다. 중앙의 인물은 기계식 바
지를 착용하고 있는데, 기계가 멈추자 보일러 아래에서 풀무질하는 아
이를 다그치고 있다. 땅 위에서 달리고 있는 증기마차들은 폭발로 인해

뒤집어지거나 시커먼 매연을 내뿜어 사람들을 숨막히게 만들고 있다. 하늘에는 증기로 작동하는 비행기구들이 날아다니고 있지만 모두 어딘가 고장난 상태다.

이 풍자화가 제작된 1830년 무렵은 증기기관의 기술적 유용성이 현실화되기 시작한 지 얼마 안 된 시기였다. 탄광지역에서는 이미 증기기관이 배수 작업에 사용되고 있었지만, 운송수단의 혁신으로까지 이어지기에는 부족한 면이 많았다. 기술이 불완전해 사고가 빈발할 것이라는 로버트 시모어의 우려는 현실적이었으나 일시적인 것이기도 했다. 조지 스티븐슨George Stephenson의 증기기관차가 1824년 잉글랜드 북부에서 처음 철도의 시대를 열었고, 머지않아 런던과 같은 대도시도 증기기관이 끄는 운송수단에 의지하는 시대가 찾아올 것임이 분명했다. 어찌 보면 시모어의 풍자화는 비가역적인 기술 변화의 과정이 이미 막을 올렸다는 사실을 역설적으로 보여주는 셈이다. 마치 오늘날 자율주행차나 인공지능에 대해 많은 우려와 풍자가 회자되는 것처럼 말이다.

와트를 고독한 발명가로 묘사한 첫번째 그림도14-1으로 돌아가보자. 이 그림은 두 가지 측면에서 역사적으로 부정확한 인식을 줄 위험이 있다. 첫째, 신화화된 이야기와 달리 와트는 물이 끓는 주전자를 보고 증기기관의 원리를 혼자 깨우쳐 발명품을 만든 게 아니었다. 17세기 이래로 유럽의 여러 과학자들은 증기, 진공, 대기압에 관해 연구 성과를 쌓아왔다. 이탈리아의 갈릴레이Galileo Galilei와 토리첼리Evangelista Torricelli, 네덜란드의 하위헌스Christiaan Huygens가 이론적 토대를 닦았다. 하위헌스

도14-3 **작자 미상, 「드니 파팽과 로버트 보일」, 1675년경**

의 조수였던 프랑스인 파팽Denis Papin은 런던으로 건너가 영국인 로버트 보일과 함께 공기펌프를 개발했다.도14-3 이어서 대기압을 이용해 피스톤을 움직이는 증기기관을 발명했다.

증기기관을 실용화하는 데에는 영국 기술자들의 공이 컸다. 우선 1693년 토머스 세이버리Thomas Savery가 압축 증기를 이용하는 양수펌프를 만들었다. 1712년 토머스 뉴커먼Thomas Newcomen은 이를 개량해 실용적 펌프를 만드는 데 성공했다. 실린더 안에서 수증기가 압축과 팽창을 반복함에 따라 피스톤이 왕복운동을 하게 만든 것이다. 하지만 실린더 전체를 가열했다 식히기를 반복해야 했던 탓에 열 손실이 많았다. 와트의 혁신은 뉴커먼의 기관을 개량하는 것에서 시작됐다. 1764년 스코틀랜드의 글래스고대학에서 일하던 와트는 뉴커먼이 만든 기관의 수리를 요청받고서 개량에 착수했다. 그리고 5년 만에 연료 소모를 대폭 줄이는 방법을 개발했다. 별도의 응축기를 달아 기관의 열효율을 높이는 게 핵심이었다. 이 개량으로 인해 뉴커먼의 기관에 비해 석탄 소모량을 4분의 1로 줄일 수 있었다.

유럽 여러 국가에서 과학기술자들의 선구적 노력이 없었더라면 와트의 발명은 불가능했을 것이다. 그보다 앞서 연구를 축적했던 '거인들의 어깨'에 올라탄 덕에 혁신을 이룰 수 있었다. 유럽 전역에서 두 세기 넘게 전개된 계몽주의적 사고의 확산이 없었더라면 와트는 위대한 발명가로서 이름을 알릴 수 없었을 것이다. 계몽주의는 기존의 신학적 세계관을 거부하고 이성에 대한 신뢰를 바탕으로 새로운 지식의 체계적 습득을 추구했다. 계몽주의자들은 서로의 지식과 정보를 편지로 상호교환하면서 유럽 전역을 '서신공화국Republic of Letters'이라고 부를 만한 지식공동체로 만들어갔다.

'과학혁명'은 계몽주의가 현실에서 더욱 큰 힘을 갖게 만든 동맹군과 같았다. 당시 계몽주의자들은 과학혁명을 단순히 지식 습득의 방법론으로 보지 않고 프랜시스 베이컨Francis Bacon이 주장한 것처럼 인류의 복리를 증진시키는 수단으로 삼았다. 그들은 사회 구성원들이 긴밀히 협력해 베이컨이 '지혜의 집Salomon's House'이라고 명명한 이상적 연구기관을 중심으로 발명과 혁신을 이루는 사회를 꿈꿨다. 과학기술자들 중에 발명의 대가로 금전적 이익보다 자신들의 기여에 대한 사회적 평가와 명예를 기대한 이가 많았다는 사실이 계몽주의적 가치관을 잘 보여준다. 국경을 초월한 사상적 개방성 덕분에 와트는 발명에 필요한 지식을 힘들이지 않고 얻을 수 있었다.

둘째, 와트는 현실에서 고독한 발명가가 아니었다. 그에게는 매슈 볼턴Matthew Boulton이라는 유능한 사업 파트너가 있었다. 볼턴은 와트가 개발하는 기술의 잠재적 가치를 일찍부터 파악하고 그를 자신의 공장이 있는 버밍엄으로 불러들였다. 둘은 증기기관의 개발과 개량에 힘을 기울였고, 기계 제작에 탁월한 여러 숙련된 기술자들의 도움을 받아 1776년에 최초의 증기기관을 완성하는 데 성공했다. 곧바로 실용화하기에는 부족한 면이 있었지만 새 시대의 개막을 알리기에 충분한 사건이었다. 1776년은 애덤 스미스가 기존의 중상주의적 틀을 깨는 경제이론을 『국부론』에 담아 출간한 해이기도 했다. 계몽주의 사상가 스미스가 경제학에서 혁명을 일으킨 해에 계몽주의 기술자 와트는 현실경제에서 혁명적 기술진보를 이루었던 것이다.

영국이 유럽의 다른 나라들을 제치고 최초로 산업화에 성공한 요인이 무엇인지에 대해서는 지금까지 수많은 설명이 제시되어 왔다. 과거에는 영국 사회가 지닌 여러 예외적 특수성을 강조했지만, 근래에 주목받

도14-4 **토머스 롤런드슨, 「화학 강의」, 1809년경**

는 새로운 해석은 영국의 기술진보가 범 유럽적인 계몽주의 집단지성이라는 공공재로부터 큰 도움을 얻었다는 점을 강조한다. 그렇다면 왜 유럽의 여러 나라들 중에서 영국이 산업화에 가장 빨랐을까? 특히 계몽주의의 주축이었던 프랑스는 왜 산업 선도국이 될 기회를 놓치게 된 것일까?

풍자화가 토머스 롤런드슨Thomas Rowlandson, 1756~1827이 어느 공개 강연의 모습을 묘사한 그림도14-4이 의미 있는 단서를 제공해준다. 이 그림에서는 과학자 험프리 데이비Humphry Davy로 추정되는 인물이 실험을 주도하고 있다. 많은 식자층 관객이 이 화학 강의를 지켜보고 있는데 객

석에는 여성들도 눈에 많이 띈다. 18세기 말과 19세기 초 영국 각지에서는 수많은 자발적 연구 모임이 결성되었고, 공개 강연이 성황리에 개최되었으며, 과학기술 출판이 봇물을 이뤘다. 와트와 볼턴도 '루나소사이어티Lunar Society'라는 지역 모임을 통해 다른 사람들과 지식과 인맥을 긴밀하게 공유했으며 서로의 발명 활동을 자극하고 격려했다. 아래 그림도14-5에는 루나소사이어티의 회합이 열리는 장면이 묘사되어 있다. 참석자들이 격의 없이 서로 의견을 교환하는 편안한 분위기가 느껴진다.

과학자, 기술자, 숙련공, 그리고 사업가가 밀접하게 소통하는 산학협력형 사회, 즉 혁신 친화적인 사회가 바로 영국이 기술을 선도하게 된

도14-5　작자 미상, 「루나소사이어티 모임」, 18세기

핵심 열쇠였다. 신분이나 종교와 같은 요소가 장애로 작용하지 않고 누구나 자유로이 혁신 활동을 할 수 있는 사회적 분위기가 성공을 이끄는 요체임이 분명했다. 당시로서는 영국이 이런 분위기에 가장 가까이 접근한 국가였다. 프랑스는 계몽주의 사상의 발전에서 유럽을 선도했지만 계몽주의가 산업화 현장으로 이어지는 가교인 유연한 사회 분위기를 만드는 데에는 뒤처졌다. 프랑스의 유능한 과학자이자 신교도였던 파팽이 종교적 탄압을 염려해 조국으로 돌아가지 않고 영국에서 연구 활동을 계속했다는 사실은 이런 점에서 우리에게 중요한 시사점을 던져준다.

특허가 혁신을
촉진하기도,
방해하기도 하다

특허의 두 얼굴

육중한 기계장치가 돌아가고 있다. 검은 옷을 입은 인물이 기계의 레버를 돌린다. 사람들은 노란색 등받이가 있는 의자에 나란히 앉아 있다. 턱 밑에 수건을 드리운 채 고개를 쳐들고서 자기 차례를 기다리는 모습이다. 그런데 오른편의 한 사내가 머리카락이 쭈뼛 선 채 당황한 표정으로 벌떡 일어나고 있다. **이 그림은 어떤 광경을 그리고 있을까? 인물들이 모여 있는 이 장소는 어떤 곳일까?**

영국의 캐리커처 화가 로버트 시모어가 1828년에 제작한 「증기 면도」도15-1라는 제목의 이 작품은 산업혁명으로 인해 새로 생겨난 가상의 미용실을 묘사하고 있다. 양쪽 창문 너머로 여성들이 자동기계를 이용해 헤어스타일을 화려하게 탈바꿈하는 모습이 보인다. 그림의 중앙은 남성 고객들이 앉아 있는 공간이다. 이들은 새로 도입한 거대한 면도기계에 얼굴을 맡기고 있다. 면도 크림이 한차례 지나가고 뒤이어 면도날이 오른쪽에서 왼쪽으로 순차적으로 이동하면서 작동하는데, 아뿔싸!

그만 손님의 얼굴에 상처를 내는 불상사가 발생한다. 이 불운한 손님은 베인 코를 움켜쥐면서 벌떡 일어나고, 옆에 앉은 이는 공포에 질려 "멈춰! 멈춰!" 하고 소리친다.

얼핏 첨단기술로 보이지만 실제로는 성능이 불완전한 기계가 인간에게 피해를 입히는 모습은 우리에게 낯설지 않다. 1936년에 발표된 찰리 채플린의 영화 「모던 타임스Modern Times」를 봤다면 비슷한 광경을 기억할 것이다. 공장주가 노동자들의 식사시간을 줄이기 위해 식사기계를 시연하는 장면이다. 의자에 앉아 위치가 고정된 채플린의 입으로 식사기계가 각종 음식물을 차례로 가져다주는데, 코미디 영화 속의 기계답게 당연히 오작동을 한다. 채플린의 얼굴 위로 옥수수 낱알이 날아다니고 수프가 쏟아지고 디저트 케이크가 뭉개진다. 불안정한 기계는 인간에게 도움이 아니라 피해를 줄 수 있다는 점을 익살스럽게 묘사했다는 점에서 채플린은 한 세기 앞서 「증기 면도」라는 풍자화를 그린 로버트 시모어와 매우 닮았다.

그런데 그림의 정중앙, 웅장한 기계에 적힌 '특허PATENT'라는 큰 글씨가 눈길을 끈다. 왜 굳이 증기 면도기계가 특허 출원된 것임을 강조했을까? 산업혁명의 기운이 한창 퍼져가던 1820년대에 특허는 위력을 발휘하고 있었다. 발명가와 기업가는 특허를 통해 자신이 개발한 기술을 보호받고자 했고, 소비자는 특허를 첨단기술이 사용되었음을 증명하는 확인서로 여겼다. 따라서 큰돈을 들여 새로 개발된 미용기계를 도입한 주인으로서는 이것이 특허를 받은 기계임을 강조하는 게 당연했다.

특허의 역사는 어떻게 시작되었을까? 중세 유럽에서는 수공업 장인들이 길드라는 동업조합을 구성해 활동했다. 길드에 속한 장인들은 아동을 도제로 받아 기술을 가르침으로써 장인 집단을 재생산했는데, 그들은 훈련을 마친 도제에게 정해진 기술 수준으로 제품을 만들어 정해진 가격대로 소비자에게 판매하도록 강제했다. 정부와 길드는 주민들에게 필요한 물건을 '공정한' 가격으로 공급해 사회 안정을 유지하는 것을 최우선 과제로 삼았다. 독특한 기술로 독특한 제품을 만들어 이윤을 극대화하려는 오늘날의 '경제인'과는 사고방식이 사뭇 달랐던 것이다. 따라서 길드 전통이 강한 중세사회에서는 특허가 별 의미가 없었다.

그런데 장거리 무역이 발달한 일부 대도시에서는 전통적 경제관념이 도전을 받았다. 특히 이탈리아 최고의 상업도시 베네치아에서는 각처에서 들어오는 기술자와 발명품이 넘쳐났다. 세속적이고 이재에 밝은 베네치아 정부는 새로운 기술을 보호하면 국부가 그만큼 늘어날 것이라고 판단했다. 그에 따라 1474년 세계 최초의 특허법^{도15-2}이 이곳에서 탄생했다. 특허는 왜 필요했던 것일까? 발명을 하려면 많은 수고와 비용이 든다. 그런데 발명품을 누구나 무료로 사용할 수 있다면 발명가는 이익을 얻지 못하고 손해만 볼 것이므로 결국 아무도 발명을 하려고 애쓰지 않게 될 것이다. 발명이 계속 이뤄지게 하려면 일정 기간 발명가만이 그 발명품을 배타적으로 쓸 수 있게 보장하거나 발명품을 쓰기를 원하는 사람이 발명가에게 적정한 보수를 지급하도록 해야 한다. 즉 발명가에게 일정 기간 독점 이윤을 보장해야만 한다는 뜻이다.

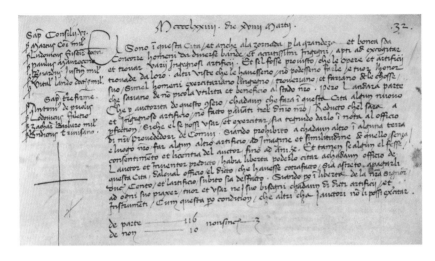

도15-2 베네치아 특허법령, 1474년

특허가 기술진보와 혁신의 지렛대로 작용할 수 있다는 관념은 곧
경쟁국들에게 전파됐다. 독일의 여러 공국들과 프랑스, 스페인, 네덜란
드, 벨기에가 차례로 특허제도를 도입했고, 중세시대에 경제가 상대적
으로 낙후됐던 영국은 1562년에야 특허법을 제정했다. 하지만 특허제도
가 곧바로 유럽의 경제 발전을 이끈 것은 아니었다. 산업혁명이 시작된
18세기 중반까지 특허는 기술진보에 큰 영향을 주지 못했다. 당시 유럽
에서는 계몽주의 사조가 지식인들에게 폭넓게 확산되어 있었다. 계몽주
의자들은 구시대의 편견과 몽매와 미신을 버리고 그 대신 이성적 판단
과 합리적 사유를 사회에 적용함으로써 세계에 진보를 가져오고 인류의
복리를 증진시킬 수 있다고 확신했다. 특히 영국에서는 계몽주의가 앙

Ⅲ. 산업사회의 형성

트레프레너entrepreneur(혁신적 기업가)의 실용주의와 결합하여 산업혁명이라는 역사적 변혁의 길을 열었다. 그러나 산업혁명 초기까지도 특허가 계몽주의 정신에 어긋난다고 생각한 이들이 있었다. 발명은 모든 사람들이 다함께 향유하도록 널리 개방해야 하는 가치재價値財라고 인식했던 것이다. 이런 혁신가들은 특허가 가져다줄 금전적 이익보다 자신들의 발명에 대한 사회적 인정을 더 높이 샀다. 그래서 과학협회 회원 자격이나 서훈, 정부 포상과 같은 명예를 더 중요시했다.

그러나 산업혁명이 본격화되면서 특허를 긍정적으로 보는 견해가 확산됐다. 제임스 와트와 매슈 볼턴이 증기기관의 특허 시한을 연장해달라고 의회에 청원했을 때 보수적 정치가 에드먼드 버크Edmund Burke는 특허 연장이 독점의 폐해를 가중시킬 뿐이라면서 강력하게 반대했다. 그러나 특허가 가져다주는 기술진보의 이득이 더 클 것이라는 인식은 이미 사회적으로 확산되고 있었다. 결국 볼턴은 인맥과 수완을 총동원해 25년간의 특허 연장을 승인받는 데 성공했다. 그리고 연장된 기간에 와트는 기능이 더욱 향상된 증기기관을 개발해냈다.도15-3 혁신가들은 특허가 얼마나 중요한지 절실하게 깨달았다.

19세기 후반 전기 · 철강 · 화학공업이 주도하는 2차 산업혁명의 시대가 열리면서 특허의 중요성은 더욱 커졌다. 특허제도가 정비되자 특허는 독점 이윤을 제공하는 데 그치지 않고 다른 혁신을 유발하는 효과도 발휘했다. 발명의 상세 내용을 담은 특허명세서의 제출이 의무화되자 사람들은 발명 목록을 체계적으로 파악하게 됐고 발명에 대한 노력

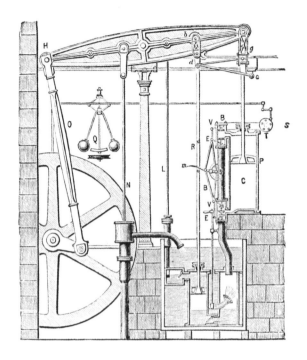

도15-3 **와트와 볼턴이 개발한 증기기관, 1784년경**

이 헛되이 중복되는 사태를 피할 수 있었다. 또한 특허 기록이 체계화되자 발명 내용을 정확하고 빠르게 전파할 수 있었고 발명가가 기술자나 잠재적 투자가를 찾기도 수월해졌다. 이에 힘입어 바야흐로 특허의 전성시대가 시작됐다. 대표적으로 발명왕 토머스 에디슨은 미국에서 1093건, 세계적으로 무려 2332건이나 되는 특허를 취득했다. 이제 특허는 발명을 입증하고 발명가에게 부를 안겨주는 결정적 수단으로 뿌리를 내렸다. 1876년 거의 동시에 전화기를 개발한 알렉산더 그레이엄 벨

Alexander Graham Bell과 엘리샤 그레이Elisha Grey 중에서 발명가로서의 명예와 부를 독차지한 것은 벨이었는데, 이들의 운명을 결정한 것은 같은 날 누가 먼저 특허청에 서류를 제출했는가였다. 아래 그림도15-4이 벨이 작성한 역사적인 특허 도면이다.

이후 기술진보는 끊임없이 이루어졌다. 20세기 후반에는 컴퓨터와 인터넷을 앞세워 3차 산업혁명의 시대가 열렸다. 정보통신, 생명공학과 재생에너지 기술이 각광을 받았고 특허 출원의 행렬이 끝없이 이

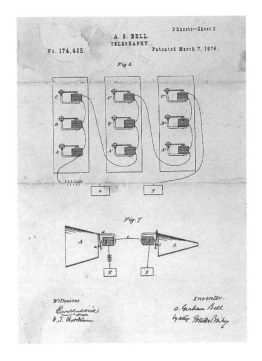

도15-4 알렉산더 그레이엄 벨의 전화기 특허 도면, 1876년

도15-5 특허괴물을 무력화하는 입법을 강조한 카툰 ⓒⓘ EFF-Graphics

어졌다. 전 세계에서 1985년에 398만 건, 2000년에 518만 건, 그리고 2015년에 1241만 건이나 되는 특허가 새로 출원됐다.

4차 산업혁명의 문턱에 서 있는 오늘날, 특허는 과거 어느 때보다 중요하게 여겨지고 있다. 그런데 이제 특허가 기술개발을 돕는 게 아니라 방해하는 요인으로 작용하기도 한다. 난마처럼 뒤얽힌 특허들을 뚫고서 가뿐하게 기술개발을 이루는 것은 꿈에서나 가능하다. 곳곳에 진을 치고 있는 특허괴물patent troll들이 로열티와 소송을 무기로 무지막지한 위협을 가해오기 때문이다. 특허괴물들은 특허를 사들인 후 생산은 하지 않고 기업들에게 위협과 소송만 가하는 존재를 말한다. 오바마 행정부가 특허괴물과의 전쟁을 선포했던 이유가 바로 여기에 있었다. 이런 분위기를 반영한 카툰도15-5이 있다. 특허괴물을 무력화하는 입법의 필요성을 강조하는 내용이다.

한때 매혹적인 얼굴로 기술진보를 이끌었던 특허가 이제는 탐욕스러운 민낯을 드러내고서 기술혁신을 막고 있다. 특허를 포함한 지식재산권이 어느 때보다 중요해진 시점에 드러난 묘한 아이러니다. 공조 능력을 잃은 오늘날의 분열된 세계 질서 속에서 우리는 과연 두 얼굴을 가진 특허라는 야누스를 길들일 방안을 찾을 수 있을까.

독일, 공업화에
빠르게 성공하다

후발국의 경제 발전

도16-1

하인리히 클레이,
「크루프의 악마들」,
1911년

규모가 큰 제철공장에서 짙은 청색의 작업복을 입은 노동자들이 시뻘건 쇳물을 담은 용광로를 다루고 있다. 그런데 이들보다 몸집이 훨씬 큰 알몸의 괴물들이 화면을 압도한다. 인간의 외양과 닮았지만 귀가 뾰족하고 머리에 뿔이 달린 이 괴물들은 펄펄 끓는 쇳물을 컵에 받아 마치 맥주 마시듯 즐기고 있다. **이 그림이 전하고자 하는 메시지는 무엇일까?**

이 그림도16-1은 독일 화가 하인리히 클레이Heinrich Kley, 1863~1945의 작품이다. 그는 19세기 말부터 산업화시대의 공장, 조선소, 기계를 화폭에 담는 데 주력했다. 이 그림을 보면 무표정하게 자신에게 주어진 작업을 수행하는 노동자들과 파티를 벌이는 것 같은 괴물들이 뚜렷하게 대조를 이룬다. 그림 속 괴물은 그리스 신화에 나오는 사티로스와 흡사하다. 중세를 지나면서 사악하고 음탕한 이미지로 굳어진 존재다. 그렇다면 이 그림은 공장제 또는 자본주의라는 괴물의 번영을 위해 노동자들이 노역을 강요당하는 상황을 그린 것일까? 한편 정반대의 해석도 가능해 보인다. 무지막지한 힘을 보유한 괴물이 공장이라는 장소와 쇳물이라는 음료에 의해 자신도 모르게 길들여지는 모습을 묘사한 것은 아닐까? 묵묵히 일하는 노동자들의 기여 덕분에 야만을 통제하는 기계문명의 시대가 열리게 되었다는 선언적 그림은 아닐까?

두 해석 가운데 어느 것이 제작 의도에 더 가까울까? 누가 그림을 의뢰했는지가 힌트가 된다. 클레이에게 작품 제작을 의뢰한 이는 바로 에센의 크루프Krupp 가문이었다. 크루프 가문은 철강업으로 일가를 이룬 경제계의 큰손이자 독일의 공업화를 상징하는 대기업을 경영했다. 20세기 초 크루프 그룹의 위상은 실로 대단했다. 유럽 최대의 제조업 회사였고 강철과 무기 생산으로 국제 정세에 직접적인 영향을 끼치는 거대 기업이었다. 이런 크루프에서 의뢰한 작품이라는 사실은 두 해석 가운데 후자가 유력함을 시사한다. 공업화는 야만과 초자연적 힘을 굴복시켜 근대적이고 합리적인 산업국가 독일을 완성해가는 과정이며, 크루프는 신흥강국 독일의 중추임을 표현하고자 했을 것이다.

독일 경제의 급성장은 누가 봐도 괄목할 만했다. 1830년까지만 해도 독일은 세계 공업생산량의 3.5퍼센트만을 차지했지만 1913년에는 무려 14.8퍼센트에 이르렀다. 산업혁명을 최초로 이루고 대영제국을 건설했던 영국을 능가하게 된 것이다. 19세기 초까지만 해도 서유럽에서 낙후된 지역으로 꼽히던 독일이 어떻게 공업화를 빠르게 이뤄 불과 한 세기만에 초강대국의 반열에 오르게 됐을까? 독일 경제가 초기에 낙후

되었던 이유는 무엇이며, 경제 발전에 성공한 비결은 무엇일까?

1800년 무렵 독일은 후진국이었다. 농촌에는 농노제가 존속했고 대지주인 융커계급이 봉건적 지배력을 행사하고 있었다. 초보적인 공업의 발달이 일부 이뤄졌지만 교통과 통신망이 미비해 본격적인 공업화로 이어지지 못했다. 정치적 요인도 독일이 낙후됐던 중요한 이유 중 하나였다. 유럽 대다수의 국가들과 달리 독일은 통일된 국민국가를 이루지 못한 채 다수의 영방국가가 독자적인 정치 단위를 이루고 있었다. 나폴레옹전쟁 이전에 독일에는 무려 355개의 소영방과 1500개가량의 자율적 제후령이 있었다. 전쟁 이후에 영방이 39개로 정리되기는 했지만, 여전히 통화, 관세, 교통에 관한 정책이 영방별로 결정됐다. 분열된 정치의 문제를 해결하지 않고서는 시장 확대와 경제 발전을 기약하기 어려운 상황이었다.

해결의 열쇠는 영방들의 행정을 통일하도록 구심점을 마련하는 데 있었다. 프로이센이 세력을 확대하면서 이 역할을 담당했다. 나폴레옹전쟁에서 프로이센은 프랑스군의 지배에 놓였다. 프랑스의 근대화를 목격한 프로이센은 제도 개혁의 중요성을 깨달아 농노를 해방하고, 농지를 개혁했으며, 자유로운 경제 활동을 방해했던 길드제를 폐지했다. 개혁은 충분치 않았지만 변화의 첫걸음은 시작됐다. 1830년대부터 프로이센은 경제 발전을 본격적으로 모색했다. 분열된 국가 경제를 극복하는 방안으로 떠오른 아이디어는 관세동맹Zollverein이었다. 당장 영방들을 단일 국가로 통합할 수 없으니 단일 관세지역을 형성해 시장을 확대

도16-2 **콘라트 비스너, 「뉘른베르크에서 퓌르트로 가는 첫 기차여행」, 1835년경**

한다는 계획이었다. 마침내 1834년 독일은 단일 시장을 형성했고 곧 대
부분의 영방들을 포함하게 됐다. 1871년 독일제국이 건립될 때까지 국
민국가라는 제도적 틀을 갖지 못했던 독일이 현명하게 선택한 대체 방
안이었다.

관세동맹이 독일 경제의 몸통을 만들었다면 몸 안에서 피를 돌리는
혈관은 철도망의 건설을 통해 이루었다. 독일 화가 콘라트 비스너Conrad
Wießner, 1796~1865가 제작한 판화 「뉘른베르크에서 퓌르트로 가는 첫 기
차여행」도16-2은 1835년 독일 최초의 철도가 개통되는 현장을 보여준다.
다양한 차림의 사람들이 운집해 새 교통수단의 탄생을 자축하고 있다.
최초의 철도는 길이가 7킬로미터에 불과했고 속도도 빠르지 않았다. 그

III. 산업사회의 형성

러나 프로이센 정부는 새 기술의 잠재적 가치를 잘 알고 있었다. 그래서 독수리라는 뜻의 '아들러Adler'라고 명명된 이 기관차의 운행을 위해 영국에서 기관사를 특별히 '모셔오는' 수고를 아끼지 않았다. 그 후 프로이센은 철도업 육성을 위해 자금을 공급했고, 일정 수준의 이윤을 보장했으며, 나아가 국영철도를 건설하기도 했다. 이를 통해 전국의 석탄 산지가 서로 연결되었고 공장지대가 형성되었으며 대규모 인력이 노동 수요를 좇아 이동했다. 19세기 중반을 거치면서 독일의 공업화에 가속도가 붙었다. 여러 공업 분야에서 눈부신 기술혁신을 이룩했고, 혁신이 늦다고 생각되면 해외로부터 기술을 도입했다. 크루프 가문의 기업인들은 영국에서 배워온 기술을 개량해 더욱 발전시켰다.

아래 그림도16-3은 1900년경 크루프 공장의 작업 모습을 보여준다.

도16-3 하인리히 클레이, 「크루프의 철강 주조」, 1900년경

이 그림도 역시 하인리히 클레이의 작품이다. 우리의 시선을 끄는 것은 대규모의 용광로와 거기서 뿜어져 나오는 강력한 열기다. 영국에서 발명된 베세머 전로Bessemer Converter는 공기를 쇳물에 강제 주입해 불순물을 제거하는 획기적 발명품이었는데, 이것이 독일 공장에 더욱 큰 규모로 설치되어 작동되는 모습을 그림에 묘사했다.

　　19세기 후반의 세계 경제는 주력 산업의 변화를 경험했다. 영국이 산업혁명을 주도하고 프랑스와 벨기에가 뒤따랐던 19세기 전반까지는 직물공업과 석탄공업이 경제의 중심축이었다면, 이제는 화학 · 철강 · 전기 등 중화학공업이 그 자리를 대신했다. 로베르트 프리드리히 슈틸러 Robert Friedrich Stieler, 1847~1908의 그림도16-4에서 묘사한 것처럼 새로 설립된 거대한 화학공업단지가 과거에 없었던 놀라운 풍경을 만들어냈다. 2차 산업혁명의 시대를 맞은 것이다. 후발국인 독일의 입장에서는 선진국들을 따라잡으려면 중화학공업에서 승부를 걸어야 했다. 그런데 중화학공업은 초기부터 거대 자본이 필요한 장치산업이라는 점이 문제였다. 공업화의 역사가 짧은 독일은 자본이 많이 축적되어 있지 않아서 공업 부문에 충분한 자본을 공급하기 어려웠다. 해결책으로 독일이 선택한 방안은 이랬다. 첫째, 주식회사 설립을 장려해 투자금을 대규모로 모은다. 둘째, 정부가 은행 설립을 주도하고 자본을 공장에 집중적으로 공급한다. 셋째, 기업 간의 카르텔을 널리 허용해 기업의 규모를 키운다. 자생적인 공업화를 경험했던 영국에서는 금융거품, 정경유착, 독점 등의 폐해를 일으킬 위험이 있다는 이유로 거부된 정책들이었다. 그러나 후

도16-4 로베르트 프리드리히 슈틸러, 「독일 루트비히스하펜의 바스프 화학공장」, 1881년

발국으로서 급성장을 추진했던 독일에게는 부작용을 무릅쓰고 시도해 볼 만한 방안들이었다. 당시는 민족주의 분위기가 달아올라 국가 간의 경쟁이 극도로 치닫던 시절이었다. 결국 독일은 이런 공격적 선택에 힘 입어 비약적인 경제 성장을 이룰 수 있었다.

그러나 '압축적' 경제 성장은 부작용을 낳기 마련이었다. 대도시와 공업단지가 우후죽순처럼 생겨났고 엄청난 규모로 형성된 노동자 집단 이 새로운 권리를 요구하고 나섰다. 급속한 사회 변화와 폭발적인 요구 는 독일에 새로운 위협으로 다가왔다. 자칫하면 노동계급이 혁명 세력 으로 바뀌어 사회 질서를 무너뜨릴 수 있다는 위기감이 커졌다. 이런 사 태에 대해 독일 정부는 비상한 방식으로 대응했다. 1880년대 비스마르

도16-5 「제국의회에서 연설하는 비스마르크」, 1888년경

크Otto von Bismarck 총리도16-5는 산재보험, 실업보험, 의료 서비스, 고령 연금을 내용으로 담은 복지정책을 발표했다. 공업화를 훨씬 일찍 경험한 국가들조차 아직 갖추지 못한 사회안전망이었다. 이 선도적 제도 개혁을 통해 독일은 노동문제가 폭발하는 상황을 피할 수 있게 됐다. 비스마르크의 복지 패키지는 그의 현실적 균형 감각이 만들어낸 뛰어난 사회적 발명품이라고 할 수 있을 것이다.

"개발도상국이 경제 발전을 성공적으로 이루기 위한 열쇠는 무엇일까"라는 질문은 오늘날에도 유효하다. 미국과 국제기구들은 경제 발전을 이루려면 '모범답안'을 따라야 한다는 입장을 보인다. '워싱턴 컨센서스Washington Consensus'라는 이름의 모범답안은 규제 완화, 무역 자유화, 금융시장 개방, 노동시장 유연화 등의 내용을 담고 있다. 외환위기 당시 IMF가 우리나라에게 구제금융 제공의 조건으로 요구했던 내용들과 거의 일치한다. 이런 조건들을 충족한 사회만이 경제 발전을 이룰 수 있다는 주장이다. 이와 달리 부족한 요소를 대체하는 방안을 찾는 데 주력해야 한다는 견해도 있다. 중국의 경제 발전이 보여주듯이, 만일 서구와 같은 재산권 보호가 힘들다면 장기적 사용권 보장이라는 대체 방안을 쓰면 된다는 주장이다. 독일의 경험은 후자에 힘을 실어준다. 단일 국가가 없으면 관세동맹으로, 기술이 부족하면 기술 도입으로, 자본이 부족하면 주식회사와 국책은행과 카르텔로 대체하면 될 것 아닌가. 워싱턴 컨센서스 주창자들은 독일의 경제사에서 배울 게 없다고 생각한 듯하다.

IV.

세계화의
시대

____

거친 죄수들이
풍요의 국가를 건설하다

오스트레일리아의 탄생

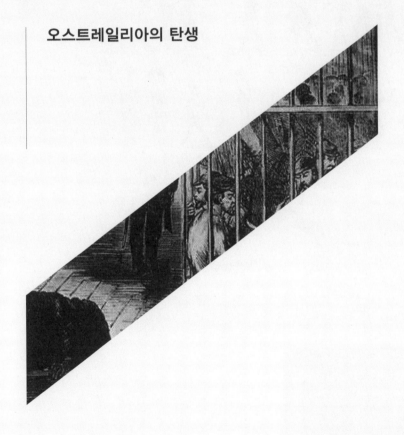

도17-1
●
「데이비 총독의
대 원주민 포고령, 1816년」,
1828~30년경

흰 피부의 유럽인들과 검은 피부의 남태평양 원주민들이 등장하는 그림이다. 맨 위에는 양측의 어른과 아이가 사이좋게 서 있고, 아기와 개를 서로 돌봐주고 있다. 그 아래 두번째 줄은 양측이 손을 잡고 평화롭게 인사하는 장면을 그리고 있다. 세번째 줄은 원주민이 유럽인을 죽이면 교수형에 처한다는 내용이고, 가장 아래 네번째 줄은 유럽인이 원주민을 죽이면 교수형에 처한다는 내용이다. **이 그림은 어떤 메시지를 전하는 것일까? 그리고 실제 역사에서는 어떤 일이 벌어졌을까?**

15세기 말 대항해시대가 막을 올린 이래로 유럽인들은 지구의 구석구석을 경쟁적으로 탐험하고 정복과 무역을 통해 활동 반경을 넓혔다. 남반구, 특히 태평양 남부는 가장 나중에서야 범지구적 네트워크에 편입된 영역이었다. 유럽인들이 '미지의 남방 땅Terra Australia Incognita'이라고 불렀던 거대한 땅덩어리 오스트레일리아가 대표적이었다. 6~7만 년 전부터 사람들이 거주했던 이 대륙에 유럽 탐험가들이 나타나기 시작한 것은 17세기 초부터였다. 가장 유명한 탐험가는 영국인 제임스 쿡

James Cook, 일명 캡틴 쿡이었다. 1770년 그는 대륙의 동쪽 지역을 조사하고 나서 이 지역을 뉴사우스웨일스New South Wales라고 명명하고 영국령으로 선포했다. 경쟁국 프랑스가 먼저 자국 영토라고 주장할 것을 우려해 내린 결정이었다. 물론 이곳에 거주하던 원주민 애보리진Aborigines의 의사는 전혀 염두에 두지 않았다.

영국의 영유권 주장도 생뚱맞지만 이후 영국이 생각해낸 오스트레일리아 활용 방안은 더욱 예상을 뛰어넘는 것이었다. 당시 영국은 가혹한 처벌을 담은 형법 체제를 유지하고 있었다. 신체에 위해를 가한 중범죄는 물론이고 재산상의 피해를 초래한 범죄에도 사형을 선고하기 일쑤였고, 경범죄도 자주 징역형으로 다뤄졌다. 엄중한 처벌이 범죄를 억제할 것이라는 인식을 반영한 정책이었다. 그런데 이런 정책이 계속되자 죄수들을 가둘 공간이 부족해졌다. 한 가지 해결 방안은 노후한 선박을 해안에 정박시켜 감옥선prison hulk으로 활용하는 것이었다. 그러나 이것만으로는 폭증하는 수감자를 감당할 수 없었다. 더 혁신적인 아이디어는 머나먼 식민지로 죄수를 내보내는 것이었다. 사실 이 아이디어는 새로운 것이 아니었다. 이미 영국은 1777년까지 4만 명의 죄수를 미국의 식민지 주로 유형을 보낸 바가 있었기 때문이다.

그런데 미국이 영국과 독립전쟁을 벌이면서 상황이 긴박해졌다. 영국은 새로운 유형지를 신속하게 물색해야만 했다. 이때 대안으로 떠오른 것이 바로 오스트레일리아였다. 1787년 5월, 700여 명의 죄수와 600여 명의 선원, 교도관, 일반인을 태운 열한 척의 '최초선단First Fleet'

도17-2 뉴사우스웨일스로 죄수를 호송하는 수송선의 내부

이 영국에서 출항했다. 위의 그림도17-2을 통해 당시의 항해 모습을 엿볼
수 있다. 뉴사우스웨일스로 향하는 유형자 수송선의 내부를 보여주는
그림이다. 비좁은 철창 안에 죄수들이 가득 차 있고 총을 든 교도관들이
이들을 감시하고 있다.

　　여덟 달에 걸친 길고 험난한 항해 끝에 최초선단은 뉴사우스웨일
스에 있는 보터니만에 도착했고 이윽고 더 나은 정착지를 탐색한 끝
에 오늘날의 시드니만Sydney Cove에 자리를 잡았다. 이곳에 도착한 날
인 1월 26일은 오늘날 오스트레일리아데이Australia Day라는 국경일이

도17-3 「모어턴 만에서의 수형자 채찍질」, 1836년

됐다. 이때부터 오스트레일리아는 영국의 거대한 유형지로 변모했다. 1788~1868년에 16만2000명에 이르는 죄수가 오스트레일리아의 여러 지역에서 유형살이를 했다.

그렇다면 백인 국가로서 오스트레일리아는 어떤 과정을 거쳐 건설되었을까? 유형수들은 7~14년의 징역살이 동안 혹독한 생활을 참아내야 했다. 발목에 쇠고랑을 찬 상태로 하루에 열두 시간씩 노역을 했고, 밤에도 쇠고랑을 찬 채 좁디좁은 오두막 안에서 뒤엉켜 자야만 했다. 불평을 내뱉은 자의 등짝에는 끔찍한 채찍질이 가해졌다. 그림도17-3에서처럼 대개 다른 유형수가 동료 유형수에게 채찍질을 가하도록 강요당했다. 그러나 지옥 같은 시간에도 끝은 있는 법이었다. 온순하게 복역한 죄수들은 형기의 일정량을 마치면 다소 자유로운 노동과 생활이 허용됐다. 또한 형기를 마치고 나면 자유의 몸이 되어 새로운 기회를 얻을 수 있었다. 그들은 가장 높은 임금을 주겠다는 고용주를 찾아 계약을 맺었다. 불운했던 과거를 덮고 개인의 능력과 노력에 따라 새로운 삶을 추구할 수 있게 된 것이다.

식민지 총독으로 임명돼 영국에서 파견된 인물들은 이곳을 범죄자 소굴이 아니라 사람들이 이주해오고 싶어 하는 식민지로 만들고자 했다. 가장 성공적인 사례를 보여준 총독이 1809~21년에 재임한 래클런 매쿼리Lachlan Macquaire였다. 그는 벤덤Jeremy Bentham이 고안한 파놉티콘 panopticon을 연상시키는 신형 교도소를 건축해 죄수 관리를 체계화했고, 이어서 다수의 공공건물을 지어 시드니의 도시 인프라를 확충했다. 곡물 재배와 양 사육에 쓸 경지도 조성했다. 그리고 형기를 마친 사람에게 토지를 12만 제곱미터씩 무상으로 나눠주는 과감한 정책을 폈다. 이를 계기로 복역 후에 영국으로 돌아가기로 결정하는 인구가 줄어들었다. 반면에 이 지역으로 들어오는 해외 이민자의 수가 증가하기 시작했다. 작가 에드워드 클로스Edward Close, 1790~1866가 일기장에 그려넣은 그림은도17-4 당시의 생활상을 보여준다. 클로스는 군인이자 엔지니어였고 훗날 치안판사로도 활약한 다재다능한 인물이었다. 또한 아마추어 화가로서 자신이 오스트레일리아에서 목격한 광경들을 정확하게 기록하고자 했다. 무거운 돌과 통나무를 짊어진 죄수들과 이들을 감시하는 교도

도17-4 에드워드 클로스, 「오스트랄아시아인들의 복장」, 1817년

관, 그리고 자유로운 민간인이 혼재해 있는 독특한 풍경이다. 작가는 배경에 공동묘지의 십자가들을 그려넣어 이곳에서의 삶이 힘들고 위험했음을 강조하고자 했던 것 같다. 그림에 남자들만 등장한다는 점도 눈에 띈다. 초기에 이곳에서 두드러진 특징이었던 남초 현상은 이민자의 비중이 커지면서 점차 약화되었다.

후임 총독 토머스 브리즈번Thomas Brisbane이 통치하는 동안에 이민자 수는 더욱 증가했다. 마침내 1828년에는 뉴사우스웨일스에 죄수보다 자유민이 더 많아졌다. 형기를 마친 후 영국으로 돌아가겠다고 선택한 죄수는 7퍼센트에 불과했다. 오스트레일리아가 이민자의 국가로 전환되는 중요한 분기점이었다. 뉴사우스웨일스의 자유민들은 식민지의 번영과 발전을 위해 유형을 폐지해줄 것을 영국 정부에 청원했다. 때마침 영국 내에서는 유형제도가 범죄를 줄이지 못하고 죄수를 교화시키지도 못한다는 비판이 고조되고 있었다. 그 결과 1849년 시드니에 입항한 수송선을 마지막으로 이 지역으로 더 이상 유형수가 들어오지 않게 되었다. 오스트레일리아 전체로는 1868년에 유형수의 유입이 종료됐다. 이후 오스트레일리아로 들어오는 이민자의 수는 지속적으로 증가했다. 또한 이민자의 국적도 다양화됐다. 오늘날 오스트레일리아 인구의 약 20퍼센트만이 유형살이를 한 죄수들의 후예라고 추정된다. 유형지에서 이민 대상지로의 변모는 오스트레일리아가 황량한 식민지의 위상을 벗어던지고 '풍요의 땅'이자 '행운의 땅'으로 신분상승하는 결정적 분기점이었다. 이것이 오스트레일리아가 경험한 경제 발전의 간략한 역사다.

도17-5 벤자민 듀테로, 「회유」, 1840년

그러나 지금까지의 이야기는 한 가지 중요한 요소를 빠뜨리고 있다. 바로 오스트레일리아의 원주민이다. 유럽인들이 이 땅에 찾아왔을 무렵 원주민 인구는 약 30~70만 명에 이르렀던 것으로 추정된다. 이들은 외지인들이 들어와 영유권을 주장하고 식민지를 건설하는 과정에서 삶의 터전을 잃고 쫓겨나 생명을 위협받는 신세가 됐다. 가장 비극적인 사태는 대륙의 남동쪽에 위치한 섬 태즈메이니아Tasmania에서 발생했다. 1820년대에 영국의 식민지 통치자들은 당시 판디멘스랜드Van Diemen's Land라고 불린 이 섬의 일부를 상습 재범자들을 수감하는 장소로 삼고자 했다. 3000~1만 명의 원주민이 살던 태즈메이니아에서 식민주의자들과 원주민들의 물리적 충돌은 불가피해졌다. 1820년대에 영국에서 파견된 부총독 조지 아서George Arthur는 계엄령을 선포해 원주민을 압박했다. 그리고 1830년에 대대적인 군사공격을 가해 원주민들을 살해하고 생존자들을 좁은 지역으로 몰아냈다. 벤저민 듀테로Benjamin Duterrau, 1768~1851가 그린 「회유Conciliation」도17-5라는 제목의 작품이 바로 이 시절을 다루고 있다. 원주민 부족민들 가운데에 한 백인 남성이 서 있다. 원주민의 손을 잡고 평화롭게 대화를 나누고 있는 이 인물은 1830년에 '원주민 보호관'이라는 보직을 맡게 된 조지 로빈슨George Robinson이다. 그가 실제로 맡은 임무는 태즈메이니아 곳곳을 돌아다니며 원주민들이 이주를 하게 만드는 것이었다. 이 그림에서 그는 식민주의자들과 원주민들 사이에서 화해와 타협을 성공적으로 이끌어낸 박애주의자처럼 묘사되어 있다. 그러나 이런 낭만적 모습은 실제로 벌어진 사태와 거리가 한참 멀었다. 원주민들은 작은 섬으로 쫓겨났고 거기에서 질병과 영양실조로 대부분 사망하고 말았다.

다시 맨 처음 그림도17-1으로 돌아가보자. 이는 사실 태즈메이니아 원주민들에게 보여주기 위해 나무에 걸어둔 그림판의 내용이다. 여기에는 「데이비 총독의 대 원주민 포고령, 1816년Governor Davey's Proclamation to the Aborigines, 1816」이라는 제목이 붙어 있다. 그러나 실제로는 1820년대 말 부총독 아서가 내린 계엄령의 내용을 묘사한 것이다. 영국인이 원주민과 평등하고 평화로운 관계를 원한다는 내용이었다. 하지만 실상은 그림과 달라도 너무 달랐다. 식민지 통치자들은 계엄령 하에 공세를 거듭해 결국 원주민들을 거의 몰살시켰다. 집단학살이라고 부를 만한 만행이었다. 오늘날 오스트레일리아는 아름다운 자연과 풍부한 천연자원, 훌륭한 사회 시스템을 갖춘 선진국이다. 살고 싶은 나라를 꼽으라는 설문조사에서 늘 최상위권을 유지하는 부러운 국가다. 이런 풍요의 국가를 유형자들과 이민자들이 거칠고 폭력적인 방법으로 건설했다는 역사가 참으로 아이러니하다.

태평양 섬에 쌓인 새똥, 세계적 인기상품이 되다

구아노 무역

도18-1

●

페루의 친차군도, 1875년

언덕 같기도 하고 건축물 같기도 한 거대한 물체가 시선을 압도한다. 석재를 얻기 위해 돌산을 파헤치는 채석장 풍경과 흡사하다. 자세히 보면 이 물체 주변에서 많은 인부들이 일을 하고 있다. 그들은 언덕을 깎아내어 뭔가를 채취하고 있다. **이들이 채취하고 있는 것은 무엇일까? 이렇게 구한 산물은 어떤 용도로 사용되었을까?**

이 그림도18-1이 묘사하고 있는 대상은 남아메리카 페루 연안에 위치한 친차군도Chincha Islands다. 본토에서 21킬로미터 떨어진 곳에 위치한 자그마한 섬들은 여러 세기 동안 사람들의 관심에서 벗어나 있었다. 그런데 19세기 중반에 엄청난 변화가 발생했다. 유럽의 수많은 무역상들이 이 군도를 찾아 앞다투어 몰려왔던 것이다. 유럽인들은 어떤 목적으로 태평양 한 귀퉁이의 작은 섬들을 찾아 머나먼 항해를 마다하지 않았던 걸까?

도18-2 페루의 구아노 산지, 1880년

해답은 이 섬들의 지리적 특성과 관련이 깊다. 남아메리카의 서부 해안을 타고 남쪽으로부터 올라와 적도로 향하는 훔볼트해류Humboldt Current는 영양염류가 풍부한 심해 해수를 실어나르기 때문에 이 지역에서는 멸치와 정어리가 대량으로 서식한다. 이들을 먹이로 하는 가마우지와 펠리컨에게는 최고의 성찬이 항상 준비되어 있는 것이다. 그에 따라 엄청나게 많은 새들이 면적이 작은 친차군도에 몰려들었다. 한 추계에 따르면 1제곱킬로미터 땅에 200만 마리 이상이 서식했다고 한다. 1880년대에 이곳을 방문한 유럽 선원들을 묘사한 그림도18-2이 남아 있는데, 발 디딜 틈을 찾기 어려울 정도로 빼곡히 땅을 메운 새떼가 매우 인상적이다. 새가 많으면 배설물도 많을 수밖에 없는 법이다. 수천 년 동안 어마어마하게 많은 새똥이 바위섬 위에 쌓이고 또 쌓여 수십 미터 높이의 덩어리를 이루었다. 게다가 이 지역은 강수량이 극히 적은 기후라서 배설물이 빗물에 씻겨 내려가지도 않았다.

새똥이 가득한 외딴 섬들은 원래 사람들이 크게 관심을 가진 대상이 아니었다. 일찍이 잉카제국에서는 새똥이 가득한 섬의 존재를 알고 이를 비료로 사용하곤 했다. 그들은 똥을 '후아누huanu'라고 불렀는데, 이 말이 나중에 '구아노guano'로 바뀌었다. 하지만 스페인 정복자들이 잉카제국을 무너뜨리고 나서는 점차 친차군도는 사람들에게 잊혀버린 존재가 됐다.

그런데 17세기부터 유럽에서는 인구가 크게 증가하면서 식량을 안정적으로 공급하는 게 중요한 과제로 떠올랐다. 과거에 대부분의 경지는 토양이 고갈되는 것을 막기 위해 3년에 한 번씩 작물을 심지 않는 휴한기를 가져야만 했다. 농업인들은 이렇게 쉬는 땅을 일하는 땅으로 바꿀 수 없을까 하고 고심했다. 그러다가 토지 사용의 집약도를 높이는 수단으로 사료작물의 도입이 유용하다는 사실을 알아냈다. 즉 순무(터닙)나 토끼풀(클로버)을 쉬는 땅에 심고 이것으로 가축을 사육하면 가축에서 얻는 퇴비를 이용해 토질을 개선할 수 있다는 선순환의 시스템을 발견한 것이다.

순무를 소재로 한 그림 가운데 네덜란드 출신의 화가 호버르트 플

도18-3 호버르트 플링크, 「마니우스 쿠리우스 덴타투스, 삼니움인의 선물을 거부하다」, 1656년

링크Govert Flinck, 1615~60의 작품도18-3이 흥미로워 보인다. 렘브란트 아래에서 미술을 공부한 플링크는 로마시대에 부패와 뇌물에 초연했던 청빈한 정치 지도자 덴타투스Manius Curius Dentatus의 일화를 화폭에 담았다. 값비싼 금은공예품으로 환심을 사려는 사람들에게 덴타투스가 자신이 들고 있는 순무면 족하다고 말함으로써 거부의사를 표명하는 장면이다. 그림에서 순무는 가장 값싸고 소박한 먹거리를 상징하는 사물이다. 그렇지만 아이러니하게도 그림이 제작된 지 얼마 되지 않아 유럽의 현실경제에서 순무는 식량 증산을 가능하게 하는 열쇠로 작용할 예정이었다. 실제로 순무를 이용한 윤작법을 도입함으로써 유럽은 농업생산량을 크게 늘릴 수 있었다.

그렇지만 사료작물의 도입과 가축의 분뇨만으로는 계속되는 인구증가를 감당하기 어려웠다. 19세기에 접어들자 사람들은 유럽 밖으로부터 비료를 공급할 방법은 없을지를 고민했다. 그때 혜성처럼 등장한 것이 바로 구아노였다. 호기심 많은 탐험가이자 뛰어난 학자인 알렉산더 폰 훔볼트Alexander von Humboldt가 구아노를 유럽에 소개했다. 그는 1802년 페루에서 구아노를 처음 접하고서 이것이 비료로 사용될 수 있음을 알아챘다. 사실 구아노는 질소와 인이 풍부해 비료로 안성맞춤이었다. 독일 화가 프리드리히 게오르크 바이치Friedrich Georg Weitsch, 1758~1828가 그린 초상화도18-4에 이 시기 남아메리카를 탐험 중인 훔볼트가 묘사되어 있다. 젊은 연구자의 눈빛과 표정에서 이국적 동식물을 채집해 표본을 만들고 분석하면서 느꼈을 흥분감이 풍겨나오는 듯하다.

도18-4 프리드리히 게오르크 바이치, 「훔볼트의 초상」, 1806년

1830년대 후반부터 구아노에 대한 탐색이 본격적으로 시작됐고 곧이어 '구아노 러시guano rush'가 일어났다. 유럽의 선박들이 구아노를 찾아 지구 곳곳을 뒤졌는데 특히 친차군도를 놓고 군침을 삼켰다. 1톤에 15달러를 주고 구입한 구아노가 영국과 미국에서 50달러에 판매할 수 있었던 것이다. 구아노는 하루아침에 세계적인 인기상품이 되었다. 첫 번째 그림도18-1에서 보는 것과 같이 친차군도는 마치 채석장처럼 변했다. 많은 사람들이 곡괭이와 삽을 들고 새똥 퇴적층을 깎아내어 운반차량에 실었고, 이를 대기 중인 선박으로 옮겼다. 이런 작업 끝에 선적된 구아노는 대서양을 건너 유럽과 북아메리카의 여러 국가들로 운송돼 수많은 농경지에 뿌려졌다. 다음 그림도18-5은 당시 구아노를 홍보하는 전단지를 보여준다. 수용성 구아노가 거의 모든 작물의 수확을 늘려준다고 강조함으로써 농민들의 구매욕을 자극하는 광고다.

구아노를 상품화하는 데 장애가 되는 여건은 하나하나 제거됐다. 가장 큰 문제는 노동력 부족이었다. 1849년부터 페루 정부는 중국인들을 받아들여 힘든 구아노 채취 작업을 맡겼다. 이때부터 1880년대까지 유입된 중국인 노동자가 무려 10만 명에 달했다. 1862년에는 페루의 밀무역자들이 태평양 남동부의 이스터섬을 공격해 원주민인 라파누이 수천 명을 강제로 끌고가 구아노 채취 노역을 시켰다. 거대석상 모아이로 유명한 이스터섬이 쇠퇴를 맞게 된 이유에 관해서는 여러 설명이 있다. 석상을 운반하기 위해 과도하게 벌채를 진행해 환경이 파괴된 탓이다, 증가하는 인구 압력 속에서 부족 간 전쟁이 심화된 탓이다, 유럽인의 유

도18-5 '물에 녹는 태평양 구아노'를 홍보하는 광고, 1857~83년

입에 따라 천연두와 매독이 전파된 탓이다. 심지어 식인의 풍습이 중요한 원인이었다는 주장도 있다. 그러나 이러한 원인들 못지않게 원주민의 노예화와 강제 노역이 쇠퇴의 핵심 요인이었다고 봐야 할 것이다.

구아노는 세상을 어떻게 바꿔놓았을까? 우선 페루는 하루아침에 돈방석에 앉았다. 정부 재정은 넉넉해졌고 사람들은 미래가 장밋빛으로 빛날 것이라 기대했다. 하지만 페루는 이 '백색 황금'에 도취한 나머지 자국 경제를 망가뜨리고 말았다. 정부는 구아노를 담보로 유럽에서 대규모 차입을 했고 수많은 건설 계획을 발표했다. 또한 페루인들이 해외로부터 수입하는 소비품이 크게 늘었다. 풍부한 자원에만 의존해 경제를 운용하는 바람에 기술과 생산 능력 같은 경제의 근본적 요소를 개선시키지 못하는 이른바 '네덜란드 병Dutch disease'이 만연했다. 결국 남아메리카 최대의 채무국이 된 페루는 1876년에 채무를 갚을 능력이 없다면서 모라토리엄을 선언하고 말았다.

페루가 구아노 무역으로 번영한 기간에 다른 국가들은 나름의 방식으로 경제적 이익을 뺏어올 기회를 호시탐탐 노리고 있었다. 우선 미국은 1856년에 새로운 법률을 제정했다. 미국인이 다른 국가가 관할하지 않는 섬에서 구아노를 발견하면 그 섬은 미국에 귀속시킨다는 내용이었다. 1863년에는 스페인이 무력을 앞세워 친차군도 일대를 공격해왔다. 이에 페루, 칠레, 에콰도르, 볼리비아가 연합군을 구성해 1864~66년 동안 전쟁을 벌인 끝에 스페인을 물리쳤다. 1870년대부터 채집할 수 있는 구아노의 양이 급감하자 각국은 대체재를 찾기 위한 노력을 강구했다. 구아노 산지에서 그리 멀지않은 내륙의 아타카마사막에서 초석 saltpeter, 硝石이 발견됐다. 질산칼륨으로 이루어져 비료로 쓰기 적합했을 뿐만 아니라 화약의 원료로도 쓰이는 유용한 물질이었다. 누가 초석을 차지하는가를 놓고 칠레는 페루 및 볼리비아에게 전쟁을 선포했다. 1879~84년에 진행된 이른바 '태평양전쟁'의 시작이었다. 전쟁에서 승리한 칠레가 패전국들로부터 값진 자원지대를 빼앗는 결과가 발생했다.

19세기 중반에 갑자기 대폭발한 구아노의 글로벌한 인기는 토질을 향상시킬 방법을 찾는 데 인류가 얼마나 공을 들였는가를 말해준다. 구아노와 초석 같은 천연비료는 한때 세계 각국의 농민들을 만족시켰지만, 머지않아 공급 물량에 한계를 맞을 수밖에 없었다. 그렇다면 무엇이 천연비료의 대체재가 될 수 있었을까? 해답은 바로 연구실에 있었다. 19세기 후반부터 화학 지식이 크게 발달하면서 다양한 인공비료를 개발하게 됐고, 20세기에는 생물학 지식을 기반으로 더 많은 수확을 보장하는 품종을 개발해 녹색혁명을 이루게 됐다. 바야흐로 천연자원이 아니라 과학기술이 우리의 식생활을 책임지는 시대가 찾아온 것이다.

지상 최대의 체제 실험, 결국 실패로 끝나다

러시아혁명

두 장의 사진이 있다. 얼핏 보면 같은 사진 같지만 서로 다른 부분이 있다. 우선 공통된 영역을 보자. 나무로 만든 단상에 올라 군중에게 연설을 하는 인물이 있다. 러시아혁명을 이끈 블라디미르 레닌이다. 이제 차이점을 찾아보자. 자세히 보면 단상의 오른쪽에 위치한 계단 부분이 다르다. 위의 사진에서는 그 부분이 막혀 있는데, 아래 사진에는 그곳에 사람들이 몇 명 보인다. **어느 사진이 원본일까? 원본이 아닌 사진은 왜 이렇게 변형이 된 것일까?**

지금으로부터 약 100년 전인 1917년 11월에 러시아에서 20세기 최대의 체제 실험이라고 부를 수 있는 대사건이 발생했다. 바로 러시아혁명이다. 이 사건을 통상 '10월혁명'이라고 부르는데, 혁명일이 당시 러시아가 사용하던 구력舊曆으로 10월이지만 오늘날의 달력으로는 11월 초에 해당한다. 볼셰비키의 붉은군대는 임시정부를 공격해 무너뜨리고 노동자, 농민, 군인의 대표자로 구성된 소비에트 정권이 수립되었음을 선언했다. 혁명의 여파는 어마어마했다. 전 세계가 자본주의 진영과 공산주의 진영으로 나뉘는 세계사적인 변화가 발생했다. 소련이 붕괴되는 1991년까지 이어지게 될 '극단의 시대'가 개막한 것이다. 1917~91년은 역사가들이 '짧은 20세기short 20th century'라고 표현하면서 따로 시대를 구분할 만큼 인류의 역사에 독특한 색깔을 부여한 시기였다.

러시아혁명은 어떻게 시작되었을까? 1904~5년 러일전쟁에서 러시아는 국제무대의 다크호스였던 일본에게 쓰디쓴 참패를 맛봤다. 전쟁 이전에 이미 경기침체, 실업, 임금 저하로 불만이 가득했던 러시아 사회는 패전을 계기로 큰 균열을 일으켰다. 1905년 초 상트페테르부르크의 노동자들이 시위를 벌이자 군대가 발포를 한 '피의 일요일' 사건이 발생했다. 노동자의 파업은 더욱 거세졌고 군인들도 반란을 일으켰다. 로마노프 왕조의 차르 니콜라이 2세의 무마책과 혁명 세력의 분열로 인해 봉기는 일단 기세가 한풀 꺾였지만 제국의 운명은 이미 돌이키기 어려운 지경으로 접어들고 있었다.

1914년 제1차세계대전이 발발하자 곧 러시아는 군사력과 경제력의 한계를 여지없이 드러내고 말았다. 전시동원령으로 농촌에서는 가축이 징발되었고 도시에서는 생필품이 부족하여 주민들의 삶이 궁핍했다. 식량과 연료 부족은 일상사가 됐고 파업과 시위는 날로 규모가 확대됐다. 이렇게 사회 전체가 폭발 직전이었는데도 차르는 개혁 요구를 무시했고 요승 라스푸틴Rasputin의 전횡도 계속됐다. 결국 노동자들의 시위와 군부의 반란이 확산돼 걷잡을 수 없는 수준의 봉기로 이어졌다. 이 '2월혁명'(3월 초)의 결과로 니콜라이 2세가 퇴위하게 되면서 로마노프 왕조는 300년 역사의 막을 내렸다. 다음 사진도19-2은 마지막 차르가 남긴 마지막 사진 가운데 하나다. 퇴위 직후에 별궁의 정원에서 촬영한 이 사진에서 니콜라이 2세는 더이상 위엄 넘치는 차르의 모습이 아니다. 그루터기에 걸터앉아 앞을 바라보는 그의 파리한 얼굴에 불안감이 스쳐지나가는 듯하다. 그는 이듬해에 처형당할 자신의 운명을 예감하고 있었을까?

차르를 대신해 보수적 인사들이 주축이 된 임시정부가 권력을 차지했다. 그런데 임시정부는 독일을 공격하려다가 오히려 참패했고 그에 따라 반정부 분위기가 고조됐다. 이때 오랜 망명생활에서 돌아온 레닌이 혁명 지도자로서 두각을 나타냈다. 볼셰비키는 군인과 노동자를 중심으로 무장시위 조직을 결성했다. 11월 6일 레온 트로츠키Leon Trotsky의 지휘 하에 마침내 10월혁명의 과정이 시작됐다. 혁명군은 곧 임시정부의 거점인 겨울궁전을 함락하고 권력을 장악하는 데 성공했다. 레닌과 볼셰비키의 혁명 세력은 전국 각지를 차례로 그들의 지배권 하에 두게 됐다.

레닌은 어떤 인물일까? 그는 마르크스의 주장에 깊이 영향을 받은 혁명 운동가이자 사상가였다. 그는 19세기 말 열강의 제국주의 식민지화 정책을 마르크스 이론의 연장선상에서 분석했다. 자본주의 세계에서 기업 간의 경쟁은 격화하기 마련이다. 대중의 구매력은 생산물의 수요를 충족시키기에 점차 부족해지므로 이윤율이 저하하게 된다. 이에 따라 자본가는 금융가와 결합해 생산물을 판매하고 잉여자본을 투자할 대상을 찾아나서게 된다. 이것이 제국주의 식민지 쟁탈전의 본질이라는

도19-2　퇴위 후에 찍은 니콜라이 2세의 사진, 1917년

게 레닌의 주장이다. 그가 보기에 19세기 말 서구 자본주의는 누적된 내부적 모순이 폭발하기 직전의 상황이었고 제국주의는 이런 폭발사태를 지연시키기 위해 자본가들이 고안해낸 교묘한 장치였다. 제국주의는 최후의 단계를 맞은 자본주의가 드러낸 결사적 몸부림이라는 것이다.

제국주의에 대한 레닌의 이런 시각은 사회주의 혁명을 선전하는 포스터에 반영되곤 했다. 이 분야에서 발군의 솜씨를 발휘한 화가로 드미트리 무어Dmitry Moor, 1883~1946가 있다. 그는 양차 세계대전 참전과 러시아혁명을 지지하는 프로파간다 포스터를 많이 제작했다. 그중 하나인 「세계 제국주의에 죽음을」도19-3이라는 작품을 보자. 시커먼 연기를 내뿜는 커다란 공장과 웅장한 건물이 한 몸체를 이루고 있다. 이 몸체를 감싼 이무기 모양의 거대 괴수가 두 눈을 부릅뜬 채 아가리를 벌리고 사람들을 공격한다. 서구 열강들이 키운 자본주의가 제국주의라는 무시무시한 괴수로 진화해 민중의 삶을 위협하고 있는 것이다. 이 괴수를 상대로 용감하게 싸우는 사람들은 노동자, 농민, 군인과 같은 민중이다. 주위의 붉은 깃발들은 러시아혁명이 저항 세력들을 한데 묶는 힘임을 강조한다. 포스터 아래쪽에는 "세계 제국주의에 죽음을"이라는 표어가 적혀 있다. 무어는 비주얼한 프로파간다 포스터가 지닌 선전효과를 누구보다 잘 이해하고 있었던 작가였다.

무어가 제작한 또 다른 포스터도19-4를 보자. 러시아 지도를 배경으로 한 이 그림은 볼셰비키 '적군赤軍' 병사가 총검을 들고서 침략을 시도하는 '백군白軍'을 압도하는 모습을 묘사하고 있다. 그림이 제작된 1921년

도19-3 드미트리 무어, 「세계 제국주의에 죽음을」, 1919년

도19-4 **드미트리 무어, 「경계하라!」, 1921년**

은 혁명 세력이 여러 위협에 직면했던 해였다. 기근과 소요사태도 문제
였지만 혁명의 움직임을 무너뜨리려는 세력이 더욱 직접적인 위협이었
다. 무어는 볼셰비키 병사의 당당한 발 앞에서 반혁명 세력들이 굴복하
는 장면을 강렬하게 표현했다. 결국 볼셰비키는 반혁명 세력을 몰아내고
1922년 '소비에트 사회주의 연방공화국', 즉 소련을 결성하게 된다.

　그런데 자세히 보면 이 병사의 얼굴이 낯익다. 앞서 제시한 두 사진도19-1 중 아래 사진의 계단에 서 있는 인물과 동일하다. 바로 10월혁명 당시에 무장조직을 이끈 혁명가 트로츠키다. 작가는 유명한 혁명 지도자 트로츠키를 모델로 삼아 혁명의식을 고취하려 했던 것이다. 그런데 원본 사진도19-1(아래)에 등장했던 트로츠키는 훗날의 사진도19-1(위)에서는 사라진다. 도대체 무슨 일이 발생했던 것일까? 수수께끼의 발단은 레닌의 죽음이었다. 1924년 레닌이 사망하자 후계자 지위를 놓고 이오시프 스탈린Joseph Stalin과 트로츠키가 치열하게 싸움을 벌였다. 피를 말리는 권력 투쟁에서 승리한 스탈린은 곧 트로츠키를 숙청하고 국외로 추방해 버렸다. 이것으로 부족했는지 스탈린은 소련의 모든 기록에서 트로츠키의 흔적을 삭제하라는 명령을 내렸다. 사람들의 기억 속에서 과거의 경쟁자가 되살아날 가능성을 원천적으로 차단하려는 조치였다.

스탈린의 역사 지우기 작업을 보여주는 사진 한 쌍을 더 보자. 1919년 모스크바의 붉은광장에서 혁명 세력의 퍼레이드를 관람하는 군중의 모습이다. 원본도19-5(위)을 보면 중앙에 레닌과 트로츠키가 경례를 하는 모습이 보인다. 그러나 수정이 가해진 사진도19-5(아래)에서는 트로츠키의 모습이 감쪽같이 사라지고 없다. 오늘날의 포토샵 작업에 비유할 만하다. 이런 방식으로 수많은 사진들이 역사적 실제와 다르게 조작되었다.

러시아혁명 이후 소련의 역사는 우리가 익히 아는 바대로 흘러갔다. 소련은 계획경제 체제를 형성하고 정부의 강력한 통제 하에 공업화와 경제 발전을 추진했다. 그러나 통치자가 바뀌어도 정치는 늘 강압적

도19-5 붉은광장의 군중들, 1919년

이었고 국민의 인권은 늘 무시됐다. 개인 인센티브의 결여라는 계획경제의 근본적 취약점도 극복하기 어려웠다. 지방 말단에서 올라오는 통계가 현실과 다르게 조작됐으므로 계획 자체를 제대로 세울 수도 없었다. 결국 소련의 경제는 점차 발전 동력을 상실했고, 권력층은 해결책을 찾는 데 한결같이 무능했다. 마침내 1980년대 후반부터 소련 사회는 무너져내렸고 1991년 거대한 체제 실험은 종말을 맞았다.

레닌이 오늘날 살아 있다면 변화한 세상을 보고 어떤 생각을 할지 문득 궁금해진다. 제국주의를 자본주의의 최후 단계로 여겼던 그가 고도로 세계화된 오늘날의 국제적 분업 시스템을 어떻게 받아들일까? 세계화를 제국주의가 더욱 교묘하게 진화한 모습이라고 여기지 않을까? 그리고 사회주의를 표방하는 중국이 세계적 분업의 중요 부분을 구성한다는 점에 배신감을 느낄 듯하다. 빅데이터가 폭넓게 수집되고 활용되는 모습에서는 어떤 인상을 받을까? 이제야 자신이 꿈꿨던 계획경제 체제를 현실화할 수 있는 기술적 기반이 마련됐다고 무릎을 칠지도 모르겠다. 마지막으로, 가짜뉴스가 범람하는 미디어 현상에 대해서는 어떻게 생각할까? 다른 것은 다 바뀌어도 정보를 조작하고 정보의 흐름을 통제하려는 권력의 속성만은 불변한다는 결론을 내리지 않을까?

20

참새를 잡으려다
그만 사람을 잡다

대약진운동과 제사해

少先队员们！小朋友们！
为消灭麻雀·增产粮食而斗争！

도20-1

참새잡이 독려 포스터, 1958년경

한 아이가 새총을 들고 팽팽하게 시위를 당기고 있다. 눈을 가늘게 뜨고 목표물을 겨냥하는 모습이다. 생김새와 옷차림을 보니 중국 소년임이 분명하다. 그림의 배경에는 이른 봄의 농촌 풍경이 펼쳐져 있다. **이 아이가 신중한 표정으로 겨누고 있는 목표물은 무엇일까? 이 그림은 어느 시기에, 어떤 상황에서 그려진 것일까?**

질문에 대한 답은 그림 속에서 찾을 수 있다. 소년이 어깨에 걸고 있는 가는 줄을 자세히 보자. 예닐곱 마리의 참새가 줄에 발목이 묶인 채 대롱대롱 매달려 있다. 이 솜씨 좋은 사냥꾼이 겨누는 목표물은 바로 참새다. 우리나라에서도 30~40년 전까지 참새를 잡는 풍경이 낯설지 않았다. 아이들은 어디서나 흔하게 볼 수 있었던 참새를 과녁삼아 새총 솜씨를 겨뤘다. 어른들에게는 참새구이가 구미 당기는 술안주로서 인기가 높았다. 그렇지만 이 그림도20-1에 묘사된 참새잡이는 우리 어르신들의 추억 속 모습과는 시대적 배경이 사뭇 다르다. 그림 아래쪽에 적힌 내용을 보자. "소선대원들아! 어린 친구들아! 참새를 소멸하고 식량을 증산하러 투쟁하자!" 무척이나 공격적인 구호를 볼 때 이 그림은 특별한 메시지를 담고 있는 포스터임이 분명하다.

그림이 제작된 때는 1958년경이다. 중국에서 이른바 '대약진운동大躍進運動, Great Leap Forward'이 시작된 시점이다. 1949년 중화인민공화국을 세우는 데 성공한 마오쩌둥毛澤東은 조국의 낙후된 경제를 발전시켜 인민들의 생활수준을 높이는 일이 무엇보다 시급하다고 판단했다. 1953년에 그는 경제개발계획의 닻을 올리면서 내심 소련의 지원을 기대했다. 그러나 곧바로 중국과 소련 사이에 대립구도가 형성되면서 마오쩌둥은 자력갱생 노선으로 경제 발전의 방식을 재구상해야 했다. 소련과 달리 농업의 비중이 컸던 중국에서는 공업과 도시 중심적인 소련식 발전 방식을 택하기가 어차피 어려웠다. 그는 농촌에 집단적 공동체를 설립해 농민 대중을 근대화하고 농촌 경제를 부강하게 만들고자 했다. 이를 목표로 1958년에 시작한 급진적인 개혁운동이 바로 대약진운동이었다.

대약진운동은 농민 대중의 노동력을 이용해 농업생산은 물론이고 공업생산도 늘릴 수 있다는 청사진을 제시했다. 오른쪽의 포스터도20-2가 농공병진農工竝進이라는 계획을 잘 보여준다. 두 손으로 힘 있게 떠받친 용기에 용광로와 농산품이 함께 놓여 있다. "공업과 농업의 생산을 발전시키고, 공업과 농업의 공동 성장을 실현하자"는 구호가 딱 들어맞는다.

농촌을 어떻게 발전시킬 것인가? 마오쩌둥은 인민공사人民公社라는

도20-2 농공병진을 강조한 포스터, 1958년경

대규모 집단농장을 만들어 농업생산의 새 기반을 마련하고자 했다. 우선 일상생활에서 인민들에게 해를 끼치는 요소들을 없애는 것으로부터 출발해야겠다고 마음먹었다. 1956년 그는 해로움의 네 가지 원천으로 모기, 파리, 쥐, 참새를 지목하고 수년 내에 이를 박멸할 것을 지시했다. 1958년 대약진운동이 시작되면서 '제사해除四害', 즉 '네 가지 해악 없애기' 캠페인도 본격적으로 추진됐다.

도20-3 제사해운동 포스터, 1958년

　위의 그림도20-3이 당시에 정부가 제작한 제사해운동 포스터다. 단칼에 네 가지 해악을 소탕하자는 결기가 느껴진다. 모기, 파리, 쥐는 질병의 매개가 될 수 있는 것들이고 참새는 쥐와 더불어 농민의 곡식을 축내는 것이니, 제사해운동은 위생을 개선하고 식량문제를 완화하는 긍정적 효과를 나타낼 것이라고 기대할 수 있었다. 그런데 참새의 경우 문제가 있었다. 참새는 곡식만 먹는 게 아니라 벌레도 잡아먹기 때문이었다.

　　　　　　　　　　　　　　　　　　　　　　　　　IV. 세계화의 시대

참새를 없애면 해충이 늘어날 수 있다는 점을 중국의 지도자는 간과했던 것이다.

사실 참새를 박멸해 식량 손실을 줄이자는 생각은 역사적으로 마오쩌둥이 처음은 아니었다. 17세기 중반에 프러시아에서는 참새의 박멸을 목표로 한 칙령을 몇 차례 반포한 적이 있었다. 농장의 규모에 따라 농민들에게 참새머리 할당량이 정해져 내려왔고 이를 채우지 못한 농민은 벌금을 내야 했다. 이런 정책에 대해 농민들은 어떻게 반응했을까? 정부의 의도와 정반대로 농민들은 참새를 보호했다. 언제든 할당량을 제출할 수 있도록 하기 위해서였다. 애초에 정책의 의도가 아무리 좋더라고 계획의 짜임새가 부족하거나 집행에 무리가 따를 때 정책의 실제 효과는 전혀 다른 방향으로 흐를 수 있음을 보여주는 사례다.

다시 중국으로 돌아가보자. 참새를 없애자는 운동은 중국 전역에서 진행됐다. "당력을 총집결해" "지역을 가리지 않고" "모든 인민의 힘을 동원해" 참새를 소탕하자는 엄청난 캠페인이었다. 첫번째 그림도20-1이 바로 이 시기의 참새잡이 운동, 즉 '타마작운동打麻雀運動'의 일환으로 제작된 포스터였다. 참새를 잡기 위해 그림에서처럼 새총을 사용하기도 했지만 그것으로는 부족하다고 여겨 잠자리채, 올가미, 그물 등 다양한 도구가 동원됐고 둥지 부수기, 독약 놓기 등 온갖 방법이 사용됐다. 심지어 북과 징을 시끄럽게 두드리고 목이 터져라 고함을 질러서 참새들이 나뭇가지나 처마에 앉지 못하고 계속 날아다니다가 힘이 빠져 땅바닥에 떨어지게 하자는 기발한 아이디어도 등장했다. 실제로 정부는 이

도20-4 **참새를 쫓는 학생들, 1958년**

방법을 인민들에게 독려했다고 한다. 이 방법이 얼마나 큰 효과를 거두었는지는 모르겠지만 실제로 대규모로 시도된 것은 분명하다. 베이징의 이화원에서 촬영된 사진도20-4을 보면 베이징대학교 학생들이 큰 깃발을 힘차게 흔들고 있는데 바로 참새를 쫓고 있는 모습이다. 학생뿐만 아니라 군인과 공무원, 일반 주민까지 동원됐다. 당시 보도에 따르면 베이징에서만 무려 300만 명이 참새잡이에 참여했다고 한다.

어쨌든 이와 같은 대대적 캠페인의 결과로 불쌍한 참새들은 대참사를 겪었다. 헤아리기 어려울 만큼 많은 수의 참새가 죽어나갔다. 이 캠페인은 농민의 시름을 덜어주고 후생을 높여주겠다는 애초의 목적과는 전혀 다른 결말을 맞았다. 참새가 줄어들자 메뚜기와 같은 해충이 창궐해 농작물에 큰 피해를 입혔던 것이다. 2년 후 중국 정부는 참새잡이의 부작용을 지적한 학자들의 견해를 뒤늦게야 받아들였다. 그러나 이미 피해가 걷잡을 수 없을 만큼 확대된 후였다.

오늘날 역사가들은 대약진운동 기간에 발생한 대기근으로 2000만 명 내지 4500만 명이나 되는 중국인들이 사망했다고 추계한다. 물론 이 엄청난 재앙이 모두 참새잡이 캠페인의 결과였던 것은 아니다. 당시 여러 정책의 실패가 한꺼번에 발생한 탓으로 보는 게 맞을 것이다. 대표적으로 외국 기술에 의존하지 않고 철강을 단시간 내에 자체 생산하자는 운동을 들 수 있다. 토법고로土法高爐, 즉 전통적 기술을 이용한 용광로가 전국의 인민공사 뒷마당에서 제작됐다. '뒤뜰 용광로backyard furnace'라고 불리는 소형 용광로였다. 그러나 철강을 한 번도 생산해본 경험이 없는 농민들이 아무 철물이나 닥치는 대로 용광로에 쏟아넣어 만들어낸 것은 품질이 너무도 조악해 거의 고철덩이 수준이었다. 그 과정에서 수많은 농민들이 땔감을 찾느라 논밭을 방치하는 지경에 이르렀다. 또한 연료로 사용할 나무를 얻기 위해 벌목이 대대적으로 이뤄졌는데, 이것이 산을 황폐화해 홍수와 산사태를 유발했다. 참새잡이와 마찬가지로 토법고로도 생태계에 대한 이해가 부족했던 시기에 경험이 없는 관료들이 생각해낸 부실한 정책을 무리해서 추진하다가 초래한 대재난이었다.

인간의 섣부른 생물 통제가 생태계의 교란을 초래한 사례는 중국에만 있었던 것은 아니다. 18세기 말 영국인들이 들어와 정착지로 개발한 오스트레일리아는 세계적으로 생물의 멸종이 가장 두드러졌던 국가다. 지난 200년간 지구상에서 멸종된 포유류의 3분의 1인 28종이 오스트레일리아에서 사라졌다. 오늘날에도 1000여 종의 동식물이 멸종 위기에 처해 있다고 한다. 오스트레일리아에서의 생태계 교란은 영국인들의 정착으로 본격화되었다. 1788년 뉴사우스웨일스에 도착한 열한 척의 '최초선단'에는 죄수, 선원, 교도관, 일반인 외에 다양한 동물들이 실려 있었다. 고양이, 토끼, 붉은여우, 사슴, 염소 등 항해나 정착생활에 도움을 줄 것으로 여겨진 동물들이었다. 그중 생태계에 가장 큰 영향을 끼친 동물은 토끼였다. 애초에 토끼는 털가죽과 고기를 얻기 위해 길러졌다.

그런데 1859년 사냥 취미를 가진 토머스 오스틴Thomas Austin이라는 인물이 열두 마리의 토끼를 오스트레일리아로 들여온 것을 계기로 개체 수가 크게 증가하기 시작했다. 포근한 겨울 날씨와 풍부한 식물 덕분에 토끼는 폭발적인 번식력을 과시했다. 오른쪽 그림도20-5은 1869년 오스트레일리아의 빅토리아주를 방문한 에든버러 공작이 총으로 토끼 사냥을 하는 모습을 담고 있다. 지역 신문에 실린 이 삽화에서 죽은 토끼들과 살아서 도망가는 토끼들을 쉽게 찾을 수 있다. 오스틴이 토끼를 들여온 지 불과 10년이 흐른 시점이었지만 토끼는 이미 걷잡을 수 없는 속도로 늘어나고 있었다. 해마다 200만 마리 이상이 잡히면서도 개체수가 줄지 않을 정도였다. 세계에서 가장 빠르게 번식한 포유류 동물이라는 기록이 뒤따랐다. 토끼는 각종 농작물과 토착식물을 닥치는 대로 갉아

　　　　　　　　　　　　　　　　　　　Ⅳ. 세계화의 시대

도20-5 에든버러 공작의 토끼 사냥, 『일러스트레이티드 시드니 뉴스』의 삽화, 1869년 3월 20일자

먹었다. 놀라운 식성과 번식력에 떠밀려 토착 초식동물들도 생존 위협을 받을 지경이었다. 또한 식물이 사라진 땅은 표토가 쉽게 침식되었고 일부 토양은 강물에 씻겨 내려가 수중 생태계에도 악영향을 끼쳤다.

오스트레일리아 정부는 19세기 말부터 토끼의 개체수를 통제하기 위해 다양한 방법을 모색했다. 덫 설치, 수렵, 토끼집 파괴, 독약 살포 등이 이루어졌고, 때로는 방책을 건설해 토끼의 이동을 막기도 했다. 생물학자 루이 파스퇴르Louis Pasteur가 병원균을 이용하는 아이디어를 제안한 이후 생물학적 해결책을 찾으려는 노력도 계속되었다. 1950년에는 토끼에게 피부암을 일으키는 바이러스를 퍼뜨려 6억 마리였던 개체수를 1억 마리로 줄이는 데 성공하기도 했다. 그러나 저항력을 가진 토끼가 등장하면서 개체수가 다시 늘어 수십 년 후 2~3억 마리를 기록했다. 생물학적 방법이 당장에는 효과가 있지만 차후에 다른 문제를 일으킬 위험이 있다는 경고를 보내준 셈이다. 하지만 현재에도 생물학적 방법을 부작용이 가장 작은 해결책이라고 보는 견해가 많다.

우리나라에도 많은 외래 교란종이 있다. 괴물쥐라는 별명이 붙은 뉴트리아가 대표적이다. 남아메리카에서 서식하는 설치류인 뉴트리아는 1980년대에 모피를 얻을 목적으로 수입됐다. 그런데 경제적 이익이 생각처럼 발생하지 않자 사육을 포기한 농가들이 뉴트리아를 방치하면서 문제가 발생했다. 정부는 뉴트리아를 포유류 중 유일하게 생태계 교란종으로 지정하고 퇴치사업을 벌여오고 있다. 뉴트리아 외에도 황소개구리와 붉은귀거북, 블루길과 배스, 꽃매미와 미국선녀벌레, 그리고 최근 뉴스 기사에서 많이 오르내린 붉은불개미 등이 우리나라 생태계를 교란하는 대표적 동물이다. 외국에서 들여온 교란종은 그 자체로 '나쁜' 동물은 아니다. 그러나 단기간에 토종 생태계에 커다란 충격을 줌으로써 자연이 서서히 적응할 여유를 주지 않는다는 점에서 주의가 필요하다. 중국의 참새와 오스트레일리아의 토끼 사례는 인간이 경제적 이익이나 개인적 호기심을 충족시키기 위해 무분별하게 들여오고 퍼뜨린 생물 종이 예상치 못한 엄청난 피해를 가져올 수 있음을 우리에게 경고해준다.

무분별한 개발이
인간의 생명을 위협하다

대기오염의 진화

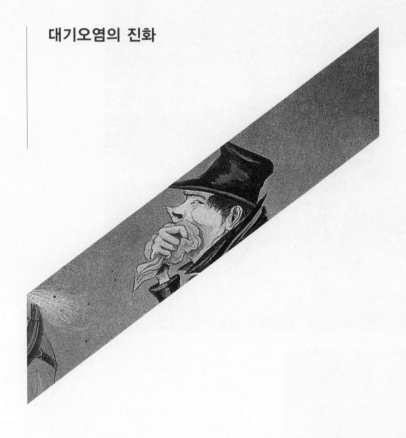

사람들이 뭔가에 쫓겨 달아나고 있다. 이들은 걸어서 혹은 자전거, 자동차, 마차 등 다양한 운송수단에 몸을 싣고 도로를 따라 긴 행렬을 이루고 있다. 하나같이 겁에 질린 표정이다. **이들을 두려움에 떨게 만든 것은 무엇일까? 어두운 하늘에 비행선과 비행기가 떠 있다. 사람들은 공습을 피해 달아나고 있는 것일까? 아니면 다른 무엇이 이들을 공포로 몰아넣은 것일까?**

이 그림도21-1은 1913년 6월 영국에서 발간된 인쇄물의 표지다. 이 인쇄물은 어떤 주제를 전달하고자 제작된 것일까? 얼핏 20세기 초에 한창 유행했던 대중소설의 표지 그림처럼 보인다. 제목이 『공중의 재앙The Peril in the Air』이라는 점, 제작 연도가 제1차세계대전이 발발하기 직전이라는 점, 그리고 비행선과 비행기가 폭격을 앞둔 듯 하늘에 떠 있다는 점이 서로 잘 맞물리는 것 같다. 당시는 유럽에 전운이 가득하던 시기였다. 머지않아 전쟁이 터지고야 말 것이라는 공포감에 사람들은 마음이 어두웠다. 1912년 겨울에서 이듬해 봄까지 영국 전역에서는 희한한 목격담이 언론에 자주 보도됐다. 밤하늘에 비행선이 나타났다가 사라지곤 하는데 실제로 추적하려고 하면 비행선이 사라져 찾을 수 없었다는 내용이었다. 사람들은 이를 '유령비행선phantom airship'이라고 불렀다. 전쟁이 임박한 상황에서 독일이 공습을 위해 영국의 방어망을 시험하는 것이라는 소문이 퍼졌다. 사회에 이런 불안이 팽배했으므로 독일군의 공습 이야기는 대중소설의 주제로 적당하다고 여겼을 만하다.

그러나 이 그림은 대중소설의 표지에 실린 것이 아니다. 독일군의 공격이 그림의 주제도 아니었다. 그렇다면 이 그림의 정체는 무엇일까? 사실 이것은 일종의 건강보조제 알약 판매를 위해 제작한 광고 소책자의 표지 그림이었다. 알약을 복용하면 기침과 감기, 인플루엔자, 기관지염, 폐결핵 등 호흡기 질환을 한꺼번에 예방할 수 있다는 광고였다. 그림을 자세히 보면 후드가 달린 긴 망토를 두른 죽음의 신이 도심 하늘을 뒤덮고 있는 위협적인 모습을 발견할 수 있다. 죽음의 신이 지닌 무기는 바로 대기오염이었다.

런던을 비롯한 영국의 대도시들은 19세기, 특히 1880년대부터 심한 대기오염에 시달렸다. 20세기 초에는 오염이 더욱 악화돼 시민들의 우려를 샀다. 짙은 안개에 섞여 있는 유해물질로 인해 사망률이 급증하고 있다는 충격적인 보도가 잇달았다. 공기 중에 포함된 치명적인 세균들이 오염된 대기를 통해 사람들에게 확산된다는 의학 전문가들의 주장은 시민들을 극도로 불안하게 만들었다. 이 건강보조제 광고는 대중의 이런 불안감을 최대로 이용했다. 제작사 펩스컴퍼니Peps Company는 이 알약을 혀에 올려놓으면 증발하면서 호흡으로 유입되는 세균을 모두 파괴한다고 제품 설명서를 통해 주장했다. 오늘날의 기준으로 보자면 명명백백한 허위·과장광고였다. 여기에 공포심을 극대화하기 위해 대중의 뇌리에 생생하게 각인되어 있는 독일 비행선의 위협적 이미지를 결합했으니 광고 효과는 쏠쏠했을 것이다.

사람들은 언제부터 오염된 공기에 주목했을까? 그리스의 의학자 히포크라테스는 감염병이 지진이나 홍수, 화산폭발 직후에 급격히 창궐하는데 이는 사람들이 부패한 공기를 흡입하기 때문이라고 주장했다. 이렇게 오염된 공기를 미아스마miasma라고 불렀다. 부패한 물질에서 나오는 작은 입자가 가득한 독성 증기를 뜻한다. 미아스마가 중세의 흑사병에서 19세기 전반의 콜레라에 이르기까지 각종 질병의 원인이라는 견해는 오랜 역사 속에서 사람들에게 널리 받아들여졌다. 로버트 시모어의 다음 풍자화도21-2를 보자. 그는 1832년 런던의 공중위생을 담당하는 보건위원회 직원들이 콜레라와 유사한 사례를 찾기 위해 이곳저곳을 살펴보는 모습을 그렸다. 그들은 돼지우리, 하수구, 짚더미를 뒤지고 있다. 그런데 이들이 감염병의 근원지를 탐색하는 방법은 냄새를 맡는 것이었다. 부패한 냄새가 인체에 들어와 질병을 일으킨다는 미아스마 이론에 근거한 탐색 방법이다. 오늘날에는 콜레라가 수인성 감염병이라는 사실이 상식으로 받아들여지지만 당시에는 오염된 공기를 통해 감염된다는 인식이 더 지배적이었다. 특히 짙은 안개가 자주 발생하는 영국에서는

도21-2 로버스 시모어, 「콜레라와 같은 사례를 찾는 런던 보건위원회」, 1832년

안개에 포함된 미아스마가 여러 질병의 주범이라는 주장이 대중에게 쉽게 받아들여졌다.

무려 2000년 넘게 서구인들이 믿어왔던 미아스마 이론은 19세기 말 새로 대두한 세균 이론에 마침내 자리를 내주게 된다. 루이 파스퇴르와 로베르트 코흐Robert Koch가 탄저균, 콜레라균, 결핵균 등을 분리해냄으로써 세균학의 시대가 열렸다. 그에 따라 대기오염이 인체에 미치는 악영향도 주로 세균의 전파를 통해 발생한다는 견해가 확산됐다. 나쁜 공기에 포함된 세균을 없애 건강을 지킨다는 펩스컴퍼니의 광고도 이런 인식 변화를 반영한 것이었다.

인류의 역사에서 대기오염의 공포를 가장 크게 일으킨 주범은 무엇이었을까? 바로 석탄이었다. 영국에서는 17세기 중반부터 도시가 성장하면서 석탄을 난방용으로 사용하는 가정이 증가했다. 산업혁명이 시작된 18세기 중반부터는 공업생산용 석탄의 사용도 급속하게 늘어났다. 그에 따라 도심에 열섬효과가 자주 나타났고 스모그도 집중 발생하는 현상이 자주 목격됐다. 사람들은 이를 '도시안개city fog'라고 불렀다. 1820년에는 짙은 스모그로 인해 대기가 검다 못해 누르스름한 녹색을 띠기도 해서 '콩수프 안개pea soup fog'라는 별칭까지 생겼다. 다음 그림도21-3을 보면 작품이 제작된 1862년경에도 런던의 대기상태가 전혀 개선되지 않았음을 알 수 있다. 손수건으로 입을 막은 사내가 걸어가는데, 옆으로 마차를 끄는 말이 가까이 다가오고 있다. 스모그가 가득해서인지 사내는 말의 존재를 의식하지 못하는 것처럼 보인다. 뒤편에는 사람들이 횃불을 들어 자신의 위치를 알려주는 모습이 묘사되어 있다.

가장 유명한 대기오염 사태는 1952년 겨울 런던에서 발생했다. 대기가 정체된 닷새 동안 석탄에서 나온 공해물질이 축적되어 스모그가 점점 짙어졌다. 몇 미터 앞도 내다볼 수 없을 정도로 대기상태가 악화되자 지하철을 제외한 모든 대중교통이 멈춰섰다. 스모그가 실내로 들어와 퍼지는 탓에 영화 상영과 음악회 공연이 취소되기도 했다. 당시 사진도21-4이 사태의 심각성을 우리에게 고스란히 전해준다. 런던의 중심가 피카딜리서커스에서 촬영된 이 사진에서는 이곳의 상징물인 에로

도21-3 「스모그 낀 런던 거리를 손수건으로 입을 막고 걸어가는 사내」, 1862년경

도21-4 작자 미상, 「콩수프 안개에 둘러싸인 피카딜리서커스」, 1952년

스 동상만이 희미하게 보일 뿐, 그 뒤로 어떤 건물이 있는지 전혀 식별
할 수 없다. 당시 호흡곤란을 호소하는 시민이 급증했고 병원으로 급히
실려간 환자도 많았다. 이 환경의 재앙이 직접적인 원인이 되어 적어도
4000명의 런던 시민이 목숨을 잃었다. 최근의 연구는 사망자가 최종적
으로 1만2000명에 이르렀다고 추정한다.

　사실 스모그가 대도시의 대기를 짓누르는 사태는 영국에서만 발생
했던 것이 아니었다. 예를 들어 미국 로스앤젤리스의 주민들은 1940년

대에 자주 '가스 공습'에 시달렸고, 뉴욕은 1950년대와 1960년대에 하루 수십 명씩의 사망자를 내는 대기오염을 여러 차례 겪었다. 오른쪽 사진도21-5은 1953년에 촬영한 뉴욕의 풍경을 보여준다. 엠파이어스테이트 빌딩 옥상에서 크라이슬러 빌딩 쪽을 촬영한 사진이다. 도시 전체가 스모그에 휩싸여 있어서 한 해 전에 촬영된 런던의 모습과 쌍둥이처럼 닮았다. 화석연료에 의존해 도시화와 공업화를 진행한 지역들은 하나같이 대기오염이라는 재앙을 피해갈 수 없었던 것이다.

20세기 중반 세계적 도시들이 스모그의 직격탄을 맞으면서 대기오염에 대한 관심이 새롭게 고조되었다. 특히 대기오염이 세균의 확산을 통해 건강에 해를 가져온다는 기존의 주장을 대신해 공해물질의 화학적 특성과 미세입자의 영향이 더 중요하다는 주장이 대두됐다. 대기오염에 대한 인식은 이로써 두번째 대변화를 맞게 되었다. 이산화황, 질소산화물, 불소화합물 등이 직접 혹은 태양광과 반응해 인체에 심각한 피해를 초래한다는 견해가 힘을 얻었다. 입자가 아주 작은 공해물질이 인체에 악영향을 끼친다는 주장도 설득력을 키워갔다.

대기오염에 맞서 인류는 어떤 노력을 기울여왔을까? 영국의 사례로 돌아가보자. 1956년과 1968년 의회는 청정공기법을 제정해 대기오염 물질의 배출을 금지하는 지역을 도시 내에 설정했고 공해물질이 잘 빠져나가도록 굴뚝 높이를 의무적으로 높였다. 1974년에 제정된 대기오염통제법은 자동차와 산업용 연료의 사용을 통제했다. 초기에는 이산화황 배출을 집중 감시했고 1980년대에는 납으로, 그리고 1990년대에는

도21-5 「스모그에 가려진 크라이슬러빌딩」, 1953년

광화학 스모그로 관심을 넓혔다. 이런 노력에도 불구하고 세계적으로 대기오염 문제는 해결이 요원한 상태다. 한 해에 대기오염으로 조기 사망하는 인구가 무려 700만 명에 이른다. 인도와 중국 같은 개발도상국에서의 피해가 특히 심각하다. OECD 국가 중 최악의 대기오염 수준을 보이고 있는 우리나라도 역시 심각한 대기오염을 겪고 있다. 우리는 수많은 생명과 건강을 위협하는 재난 수준의 대기오염 속에서 살고 있다. 미세먼지와 초미세먼지로 인해 연간 10조 원을 훌쩍 넘는 사회적 비용을 부담하고 있다는 연구도 있다. 그럼에도 우리나라의 대응책은 다른 국가들에 비해 약한 편이다. 대기오염 후진국에 사는 우리는 하루빨리 강력한 대책을 강구해야만 한다.

허구 전통이
진짜 전통으로 발전하다

올림픽의 역사

1924년 파리에서 개최되는 올림픽을 홍보하기 위해 제작된 포스터를 보자. 초창기 올림픽 포스터에 속하는 이 그림은 훗날의 올림픽 포스터들과 구별되는 몇 가지 특징을 지니고 있다. **어떤 특징일까? 오늘날의 올림픽이 주창하는 가치와는 어떤 차이점을 보여주고 있을까?**

장 드루아Jean Droit, 1884~1961가 제작한 「1924년 파리 올림픽 포스터」도22-1가 보여주는 첫번째 특징은 올림픽 경기의 엠블럼인 오륜마크가 등장하지 않는다는 점이다. 세계 5대륙을 상징하는 오륜마크는 1912년에 근대 올림픽의 창시자인 피에르 드 쿠베르탱Pierre de Coubertin이 도안했다. 1914년에는 올림픽 깃발로 제작됐고 1920년 올림픽부터 공식 사용됐다. 그러나 1928년 이전에는 포스터에 오륜마크가 등장하지 않는다. 초창기 포스터는 어느 국가가 올림픽 경기를 개최하는가에 초

점을 두고 개최국의 위상을 과시하는 데 주된 목적이 있었다. 이 그림의 배경을 이루는 커다란 삼색기, 즉 프랑스혁명을 상징하는 깃발이자 프랑스의 국기가 이런 특징을 뚜렷하게 보여준다. 두번째 특징은 포스터의 모델이 백인 남성 일색이라는 점이다. 1896년 첫 근대 올림픽의 참가국들은 거의 모두 서구 국가였으며 여성이 참가하는 종목은 전혀 없었다. 20세기에 들어서 인종이 다양해지고 여성의 참여가 조금씩 인정되었지만, 1924년에도 백인 선수가 대부분이었고 여성 선수는 남성 선수의 5퍼센트 규모에 불과했다. 그러므로 포스터가 백인 남성만으로 채워진 것은 당시의 기준으로 그다지 이상할 게 없었다. 마지막으로, 포스터에 등장하는 청년들이 모두 오른팔을 높이 뻗어올린 포즈를 취하고 있다는 점이다. 이는 고대 로마로부터 유래한 경례 방법으로 올림픽 경례라는 명칭을 얻은 인사법이다. 올림픽 경기가 유럽 역사에 뿌리를 두고 있다고 강조하는 듯하다. 이 경례 방법은 제2차세계대전 이후 더이상 사용하지 않게 된다. 나치의 경례를 떠올리게 하기 때문이다.

초창기 포스터는 당시 올림픽 경기의 풍경이 오늘날과 사뭇 달랐음을 비주얼한 방식으로 설명해준다. 국경을 초월해 선수들이 우의를 다지는 글로벌한 행사라는 측면보다는 올림픽 개최국을 강조하는 민족주의적 색채가 짙었으며, 서구 중심적이고 남성 중심적인 양상이 두드러졌다. 국적과 인종과 성별을 초월해 평등과 평화를 지향하는 오늘날의 올림픽 정신은 초창기에는 극히 제한적으로만 존재했다.

동계올림픽도 마찬가지였다. 오귀스트 마티스Auguste Mattisse, 1866~

도22-2 오귀스트 마티스, 「1924년 샤모니몽블랑 동계올림픽 포스터」, 1924년

1931가 제작한 포스터도22-2를 보자. 1924년 프랑스 샤모니에서 개최된 첫 동계올림픽을 홍보하는 포스터로 올림픽 포스터들 가운데 걸작으로 꼽을 만한 작품이다. 봅슬레이 선수들이 경주를 막 마치고서 속도를 줄이고 있다. 그 위로 날아가는 붉은색 독수리의 힘찬 모습이 보는 사람의 시선을 압도한다. 독수리는 삼색기로 묶은 올리브 화환을 움켜쥐고 있다. 우승한 봅슬레이 선수들이 곧 이 화환을 머리에 얹게 될 것이다. 이 멋들어진 포스터에도 개최국 프랑스의 위엄을 강조하려는 의도가 넘쳐난다.

쿠베르탱은 어떤 역사적 배경에서 근대 올림픽을 창시하게 된 것일까? 프랑스 귀족 출신인 쿠베르탱은 보불전쟁에서 프랑스가 무참히 패한 역사를 지켜보며 자랐다. 그는 교육에 관심이 깊었는데, 특히 영국 상류층 학교의 체육교육을 보면서 단체운동이 인간을 도덕적·사회적으로 성숙시킬 것이라고 확신했다. 패전한 조국을 강건하게 재건하는 데에도 유익할 것이라고 여겼다. 하지만 곧 쿠베르탱은 경쟁적 민족주의에서 국제 평화주의로 마음을 돌렸다. 당시 한창 전개되고 있었던 그리스 유적 발굴과 역사 재조명의 움직임이 그의 마음을 사로잡았다. 특히 기원전 8세기에 시작돼 기원후 4세기까지 이어진 고대 그리스의 올림픽은 지극히 숭고한 역사로 보였다. 고대 그리스에서 4년 주기로 올림픽이 열리면 전쟁 중이던 도시국가들이 일제히 휴전을 했다. 또한 아마추어 선수들이 다른 목적이 아니라 오직 명예만을 위해 투혼을 불사르며 정정당당히 기량을 겨뤘다. 승리가 아니라 참가 자체에 의미가 있다는 관념도 등장했다.

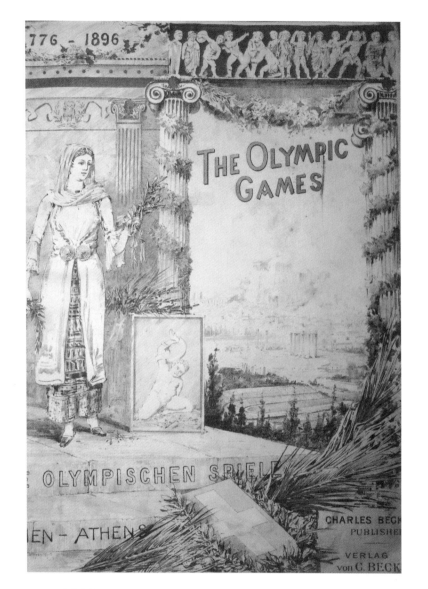

도22-3 아테네 올림픽 포스터, 1896년

쿠베르탱이 볼 때 고대 올림픽은 근대인이 되살려야 할 가장 순수하고 영광스러운 인류 역사의 한 페이지였다. 이런 인식을 반영해서 최초의 근대 올림픽은 그리스의 아테네에서 개최하게 되었으며, 올림픽을 홍보하는 포스터^{도22-3}에는 그리스적 색채가 물씬 풍겼다. 올림픽 경기가 시작된 해인 기원전 776년과 근대 올림픽이 열린 1896년이 위쪽에 적혀 있고 각종 경기 장면이 오른쪽 상단에 묘사되어 있다. 화환을 든 여인과 경기장의 풍경 사이에는 그림판이 하나 놓여 있다. 거기에는 헤라클레스가 어린 아기였을 때 뱀을 제압하는 모습이 그려져 있다. 헤라클레스를 이상적인 운동선수의 모범으로 여긴 모양이다.

고대 올림픽의 경기 모습은 현재까지 남아 있는 당시 도기들을 통해 확인할 수 있다. 기원전 5세기에 제작된 도기의 그림^{도22-4}을 보자. 표면에 그려진 것은 판크라티온이라는 경기 장면이다. 이 경기에서 선수들은 온몸을 이용해서 상대방을 공격해 기권을 받아내거나 죽게 하면 승리한다. 그림에서 공격을 당하고 있는 오른쪽 선수가 손가락으로 상대 선수의 눈을 찌르려고 한다. 그러자 뒤에서 심판이 막대기를 들고 반칙을 제지하려 한다. 이 도기를 제작한 도공은 공정한 경쟁을 강조하고자 했던 걸까? 어쨌든 2500년 전의 경기 장면이 참으로 생동감 넘치게 표현되어 있다.

오늘날 여러 역사가들은 쿠베르탱이 상상한 고대 올림픽이 실제와 많이 달랐다고 지적한다. 무엇보다도 쿠베르탱이 높이 평가한 아마추어리즘은 기원전 5세기까지만 해당하고 이후에는 프로페셔널리즘이 이를

도22-4 고대 그리스 도기에 그려진 판크라티온 경기 장면, 기원전 490~480년①ⓒ Marie-Lan Nguyen

대체했다고 한다. 당시 많은 선수들이 참가가 아니라 승리와 포상에 집 착했다는 기록도 있다. 또한 올림픽이 실제로 평화를 유발했다고 믿을 만한 근거도 약하다고 한다. 아마도 쿠베르탱은 고대 올림픽을 지나치 게 낭만적으로 해석했던 모양이다. 혹은 그가 의도적으로 고대 올림픽 을 숭고한 이미지로 부풀렸는지도 모른다. 자신이 추진하는 근대 올림 픽 운동에 동력으로 삼기 위해서 말이다.

사실 19세기 후반은 서구에서 수많은 허구 전통이 만들어지던 시기 였다. 국민국가의 위상을 높이고 민족적 자긍심을 고취하기 위해 근거

도22-5 **윌리엄 록하트, 「빅토리아 여왕의 골든 주빌리, 웨스트민스터 사원」, 1887~90년**

가 취약한 신화와 전통을 마치 공식 역사였던 것처럼 꾸미는 일이 비일비재했다. 영국 빅토리아 여왕의 화려한 골든 주빌리(즉위 50년) 기념식, 스코틀랜드의 씨족을 상징하는 것으로 여겨지는 다양한 무늬의 킬트, 프랑스의 바스티유 함락 기념행사, 미국의 성조기 찬양 등이 모두 이에 해당한다. 예를 들어 윌리엄 록하트William Lockhart, 1846~1900가 그린 「빅토리아 여왕의 골든 주빌리」도22-5는 이 왕실 행사가 얼마나 성대하게 거행됐는가를 강조한다. 실제 역사를 보면 1870년경까지 영국 왕실의 의례는 소규모 궁중 행사의 성격이 강했고, 그 이후부터 대중의 반응을 염두에 두고 왕실 의례를 크고 화려하게 진행하게 되었다. 그러면서도 성대한 의례가 지극히 전통 깊은 관습인 것처럼 의도적으로 대중에게 전했던 것이다. 이 사례들과 비교해본다면 근대 올림픽 운동은 국가적 전략에 기초하지 않고 대신에 국제주의를 표방한다는 차이점을 지녔다. 그러나 현재의 필요성에 따라 과거를 재창조했다는 면에서는 차이가 없다. 따라서 근대 올림픽도 '만들어진 전통invented tradition'의 목록에 포함시키기에 부족함이 없어 보인다.

근대 올림픽은 그동안 수많은 어려움에 봉착해왔다. 19세기 말과 20세기 초에는 민족주의적 경쟁심을 극복하는 게 초미의 과제였고, 성차별과 인종차별이라는 완강한 인습의 장벽을 무너뜨려야 했다. 양차 세계대전 때에는 올림픽 경기가 열리지 못하는 오욕을 남겼고, 20세기 중반의 냉전시대에는 이념적 갈등이 보이콧으로 이어지는 수난을 겪어야 했다. 그러나 이런 난관 속에서도 올림픽은 점차 수많은 국가와 시민이 참여하는 대표적인 국제행사로 인정받게 되었다.

1970년대부터는 더욱 강력한 위험요소가 올림픽 정신을 위협하기 시작했다. 바로 경제적 압박이다. 대규모 행사를 치르려면 금전적 고려가 따르지 않을 수 없다. 올림픽 개최 도시 중에서 경기장과 인프라 건설에 과도하게 재정을 지출한 결과 후유증을 앓는 사례가 늘어났다. 국제 올림픽위원회는 방송 중계권료 수입에 관심이 커졌다. 초국적 기업들은 천문학적 금액의 스폰서십을 제공하는 대신 광고권을 획득했다. 이런 변화에 발맞춰 프로 선수의 참가를 허용하는 종목이 늘어났다. 이렇듯 신자유주의시대에 돈의 위력이 올림픽을 상업화의 방향으로 거세게 몰아붙이고 있다. 이 문제를 극복할 길을 찾지 못한다면 올림픽 정신은 훼손될 수밖에 없을 것이다.

근대 올림픽 운동은 어느덧 130년의 역사를 이뤄왔다. 민족주의, 성차별과 인종차별, 이념과 상업화라는 위험요소들을 하나하나 어렵사리 헤쳐가면서 오늘날에 이르렀다. 이제 올림픽은 부족하나마 세계 시민이 동참하는 대표적 국제 교류로 평가받는다. 비록 허구적 전통에서 출발했지만 올림픽은 어느새 그 자체로 인류의 소중한 전통으로 자리를 잡았다. 문화의 세계화를 가속화하고 세계 시민들 간의 상호 이해를 높이는 역할을 톡톡히 하고 있는 것이다. 2년마다 동·하계 올림픽 경기가 열린다. 메달 개수, 국가 순위, 개최국의 위신과 같은 요소들은 접어두고 세계인의 스포츠 향연을 편안한 마음으로 즐기면 참 좋겠다. "더 빠르게, 더 높이, 더 강하게" 뛰고자 혼신의 노력을 기울이는 선수들의 피, 땀, 눈물을 기리며 말이다.

발전하는 사회의 조건

이 책에서 우리는 비주얼 자료를 매개로 삼아 세계화의 관점에서 인류의 경제사를 다루었다. 다른 사람들과의 접촉 범위가 지극히 좁았던 시대에서 출발해 지구 전체가 인간 활동의 네트워크로 촘촘하게 얽힌 오늘날에 이르기까지의 과정을 스물두 개의 역사적 주제를 통해 살펴보았다. 경제는 물론이고 정치, 문화, 기술, 제도 등 여러 요소들이 상호작용해서 만들어간 세계화의 장기적 궤적을 따라가보았다. 이를 통해 번영과 쇠퇴, 경쟁과 협력, 전쟁과 평화를 반복해온 인간 집단들의 발자취를 돌아보았다.

세계화의 경제사를 돌아보면서 우리는 어떤 교훈을 얻을 수 있을까? 역사 해석이 다양하기 마련인 만큼 도출할 수 있는 교훈들도 다양하고 때로는 상충하기도 할 것이다. 역사로부터 아무런 교훈을 얻을 수 없다는 견해도 있을 수 있다. 이런 다양성을 100퍼센트 인정하면서도 동시에 사람들 간에 의견을 교환하고 서로 영향을 미치는 것이 매우 바람직하다고 나는 판단한다. 오히려 이런 상호작용이야말로 역사에 관심을 갖고 역사를 공부하는 궁극적 목적에 닿아 있다고 믿는다. 이런 믿음을 바탕으로 지난 역사를 다시 한번 돌아보고 싶다. 우리는 다수의 구성원에게, 그리고 점점 더 많은 구성원에게 만족을 제공하는 사회에서 살기를 원한다. 이런 사회란 결국 발전을 계속하는 사회일 것이다. 그렇다면 역사 속에서 발전을 이룬 사회는 어떤 공통된 특징을 지녔을까?

가장 먼저 떠오르는 특징은 개방성이다. 자신과 친숙한 환경으로 생활범위를 제한하는 삶이 단기적으로는 가장 안전하고 편리하기 마련이다. 그렇지만 이런 폐쇄적 태도를 고수해서는 변화하는 세상에 적응하기 어렵다. 장기적으로는 낯선 사람, 낯선 사물, 낯선 제도에 관심을 기울이고 적절하다고 생각되는 부분을 선택해 받아들이는 것, 그리고 나아가 자신에게 맞게 적극적으로 개선하는 것이 불확실한 미래를 대비하는 최상의 방책이다. 외부 세계에 대해 빗장을 걸어 잠근 사회는 새로운 변화를 민감하게 포착하는 능력을 얻기 어렵고, 변화에서 위기나 기회의 냄새를 맡는 후각이 둔감해지게 된다. 외부 세계의 이질적인 요소들에 대해 열린 자세를 취한 사회만이 면역력을 강화하고 체질을 개선할 수 있다.

둘째, 모든 개방이 바람직한 것은 아니다. 내부적인 자발성에 기초해 진행된 개방은 긍정적인 효과를 거둘 수 있겠지만, 이와 반대로 강요에 의해 이루어진 개방은 구성원들에게 이익이 되지 않는 결과로 이어

디에고 리베라, 「스페인 정복자들의 멕시코 정복」, 1929~45년

지기 쉽다. 정복에 의해 강제된 지역통합이나 제국주의 열강에 의해 강요된 개항이 역사적으로 이를 보여준다. 자율과 자발성을 바탕으로 하지 않은 개방은 이를 강제한 세력에게만 이득을 가져다줄 뿐이다. 요즘 표현을 빌리자면 "내가 깨면 병아리, 남이 깨면 후라이"인 것이다. 디에고 리베라Diego Rivera가 멕시코시티의 국립궁전에 벽화로 남긴 그림이 예시하듯, 스페인 정복자들에 의해 '세계화'되어 세계 경제의 일부가 된 아즈텍제국에서 구성원들은 착취와 강제노역의 대상이 되었을 뿐 개방화의 이익은 조금도 누리지 못했다.

셋째, 앞에서 언급한 개방성과 자발성이 대외적인 태도에 관한 것이라면, 포용성은 대내적으로 갖춰야 할 덕목이라고 말할 수 있다. 사회 구성원들 가운데 특정한 집단만이 배타적인 권력을 누린다면, 그래서 사회가 생산해낸 성과물의 대부분을 이런 집단이 누린다면 사회의 잠재력은 충분히 발휘될 수 없다. 예를 들어 특정 종교를 가진 사람에게만 부와 권력을 보장하는 사회, 특정 인종에게만 경제적 또는 정치적 자격을 부여하는 사회, 특정 신분에 속하는 사람에게는 기회를 봉쇄하는 사회, 동일한 성과를 내도 출신지나 젠더에 따라 포상을 차별화하는 사회에서는 개인이 지닌 잠재적 능력이 제대로 발휘될 수 없다. 역사적으로 어느 지역에서건, 그리고 어느 시대에서건, 번영을 구가한 사회는 포용적 태도를 견지했음을 발견할 수 있다. 반대로 우물 안 개구리처럼 옹졸하고 배타적인 입장을 취한 사회가 쇠퇴를 맞게 된 사례도 쉽게 찾을 수 있다. 사회적 포용성이야말로 혁신을 유도하고 공정한 기회와 분배를 약속함으로써 사회가 지속적으로 발전할 수 있게 만들 것이다.

발전하는 사회의 조건으로 앞서 언급한 개방성, 자발성, 포용성이 적절한지에 대해서는 이견이 많을 수 있다. 너무나 주관적인 판단이라고 비판할 수도 있고, 다른 중요한 요소들을 무시했다고 지적할 수도 있다. 제한된 역사적 사례만을 다뤘기 때문에 일반화하기 어렵다는 견해도 있을 것이고, 역사적 사건을 바라보는 시각이 좁지 않나 하는 성찰도 필요할 것이다. 이런 비판과 지적, 견해와 성찰이 쌓이고 쌓이면, 그리고 이들을 놓고 많은 사람들이 논의를 지속해가면, 우리 사회가 지향할 방향과 방법에 대해 좀더 뚜렷한 기준을 마련할 수 있지 않을까 하고 마음속으로 기대해본다.

앞서 펴낸 두 책 『비주얼 경제사』와 『세계화의 풍경들』에서 이어온 그림 속 역사 산책은 이 책을 발간함으로써 이제 마무리한다. 경제학도로 시작해 경제사 연구자가 되고 아마추어 그림 감상자가 된 나로서는 참으로 즐거운 시간이었다. 솔직히 출발 시점에서는 경제사를 비주얼 자료와 접목시키는 작업이 이렇게 재미있고 유익할 것이라고 예상하지 못했다. 그림과 사진에서 힌트를 얻어 역사의 퍼즐 조각을 하나하나 맞춰가는 과정이 내게는 참으로 흥미진진한 작업이었다. 그리고 이 재미와 유익함을 많은 독자들과 함께 나누고 싶은 마음이 가득하다. 내가 꿈꾸는 모습은 아마도 피에르 첼스티노 질라르디Pier Celestino Gilardi의 그림이 풍기는 분위기와 가장 비슷한 것 같다. 편안한 자세를 취한 채 옛 그림을 호기심 가득한 눈빛으로 이리저리 살펴보고 자신이 발견한 점과 느낀 점을 가까운 이들과 스스럼없이 나누는 것. 이런 대화 속에 서로가 생각하는 인생과 역사가 자연스럽게 공유되고 서로에게 좋은 영향이 발생하게 되지 않을까?

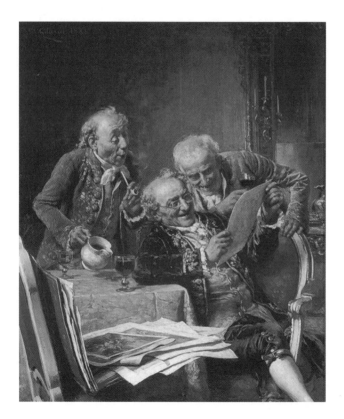

피에르 첼레스티노 질라르디, 「감정가들」, 1900년

공통

길로멘, 한스외르크 지음, 김병용 옮김, 『서양 중세 경제사』, 에코리브르, 2017 (원저: Hans-Jörg Gilomen, *Wirtschaftsgeschichte des Mittelalters*, Beck C. H., 2014).

김동욱, 『세계사 속 경제사』, 글항아리, 2015.

김종현, 『영국 산업혁명의 재조명』, 서울대학교출판문화원, 2013.

다카시, 오카모토 지음, 강진아 옮김, 『중국 경제사』, 경북대학교출판부, 2016 (원저: 岡本隆司, 『中国経済史』, 名古屋大学出版会, 2013).

로드릭, 대니 지음, 제현주 옮김, 『더 나은 세계화를 말하다』, 북돋움, 2009 (원저: Dani Rodrik, *One Economics, Many Recipes: Globalization, Institutions, and Economic Growth*, Princeton University Press, 2009).

로드릭, 대니 지음, 고빛샘·구세희 옮김, 『자본주의 새판짜기』, 21세기북스, 2011 (원저: Dani Rodrik, *The Globalization Paradox: Democracy and the Future of the World Economy*, W. W. Norton & Company, 2011).

리비-바치, 마시모 지음, 송병건·허은경 옮김, 『세계인구의 역사』, 해남, 2009 (원저: Massimo Livi-Bacci, *A Concise History of World Population*, Blackwell, 2007).

맥닐, 존·윌리엄 맥닐 지음, 유정희·김우영 옮김, 『휴먼 웹—세계화의 세계사』, 이산, 2007 (원저: J. R. McNeill and William H. McNeill, *The Human Web: A Bird's-Eye View of World History*, W. W. Norton & Company, 2003).

문소영, 『그림 속 경제학』, 이다미디어, 2014.

버랜드, 이반 지음, 이헌대·김홍종 옮김, 『20세기 유럽경제사』, 대외경제정책연구원, 2008 (원저: Ivan T. Berend, *An Economic History of Twentieth-Century Europe*, Cambridge University Press, 2006).

설혜심, 『소비의 역사』, 휴머니스트, 2017.

송병건, 『경제사 — 세계화와 세계 경제의 역사』 2판, 해남, 2014.

_____, 『비주얼 경제사』, 아트북스, 2015.

_____, 『세계화의 풍경들』, 아트북스, 2017.

앨런, 로버트 C. 지음, 이강국 옮김, 『세계경제사』, 교유서가, 2017 (원저: Robert C. Allen, *Global Economic History*, OUP Oxford, 2011).

양동휴, 『20세기 경제사』, 일조각, 2006.

_____, 『유럽의 발흥 — 비교경제사 연구』, 서울대학교출판부, 2014.

우정아, 『명작, 역사를 만나다』, 아트북스, 2012.

이주헌, 『서양미술 특강』, 아트북스, 2014.

이진숙, 『시대를 훔친 미술』, 민음사, 2015.

장하준 지음, 형성백 옮김, 『사다리 걷어차기』, 부키, 2004 (원저: Ha-Joon Chang, *Kicking Away the Ladder: Development Strategy in Historical Perspective*, Anthem Press, 2002).

주경철, 『대항해시대』, 서울대학교출판부, 2008.

찬다, 나얀 지음, 유인선 옮김, 『세계화, 전 지구적 통합의 역사』, 모티브, 2007 (원저: Nayan Chanda, *Bound Together: How Traders, Preachers, Adventurers, and Warriors Shaped Globalization*, Yale University Press, 2008).

최우성, 『동화경제사』, 인물과사상사, 2018.

커틴, 필립 D. 지음, 김병순 옮김, 『경제인류학으로 본 세계무역의 역사』, 모티브북, 2007 (원저: Philip D. Curtin, *Cross-Cultural Trade in World History*, Cambridge University Press, 1984).

클라크, 그레고리 지음, 이은주 옮김, 『맬서스, 산업혁명, 그리고 이해할 수 없는 신세계』, 한스미디어, 2009 (원저: Gregory Clark, *A Farewell to Alms*, Princeton University Press, 2008).

포메란츠, 케네스 지음, 김규태·이남희·심은경 옮김, 『대분기 — 중국과 유럽, 그리고 근대세계경제의 형성』, 에코리브르, 2016 (원저: Kenneth Pomeranz, *The Great Divergence: China, Europe, and the Making of the Modern World Economy*, Princeton University Press, 2001).

프랑코판, 피터 지음, 이재황 옮김, 『실크로드 세계사』, 책과함께, 2017 (원저: Peter Frankopan, *The Silk Roads: A New History of the World*, Vintage, 2017).

핀들레이, 로널드·케빈 H. 오루크 지음, 하임수 옮김, 『권력과 부—1000년 이후 무역을 통해 본 세계정치경제사』, 에코리브르, 2015 (원저: Ronald Findlay, Kevin H. O'Rourke, *Power and Plenty: Trade, War, and the World Economy in the Second Millennium*, Princeton University Press, 2009).

하라리, 유발 지음, 조현욱 옮김, 『사피엔스』, 김영사, 2015 (원저: Yuval Noah Harari, *Sapiens: A Brief History of Humankind*, Harper, 2015).

헬드, 데이비드·앤터니 맥그루·데이비드 골드블라트·조너선 페라턴 지음, 조효제 옮김, 『전 지구적 변환』, 창작과 비평사, 1999 (원저: David Held, Anthony G. McGrew, David Goldblatt, Jonathan Perraton, *Global Transformations*, Stanford University Press, 1999).

Bentley, J., H. Ziegler and H. Streets Salter, *Traditions and Encounters: A Brief Global History*, 4th edn., McGraw-Hill Education, 2015.

Clark, Greg, *Great Cities*, Brookings Institution Press, 2016.

Conrad, Sebastian, *What is Global History?*, Princeton University Press, 2016.

Fernández-Armesto, Felipe, *Pathfinders: A Global History of Exploration*, W. W. Norton & Company, 2007.

Goff, Richard et al., *The Twentieth Century and Beyond: A Global History*, 7th edn., McGraw-Hill, 2007.

Graff, M., A. G. Kenwood & A. L. Lougheed, *Growth of International Economy, 1820-2015*, 5th edn., Routledge, 2014.

Hopkins, A. G., ed., *Globalization in World History*, Norton, 2002.

Kleiner, Fred S., *Gardner's Art Through the Ages: A Global History*, Vols. 1-2, 15th edn., Wadsworthing Publishing, 2015.

Landes, David S., *Wealth and Poverty of Nations*, Hachette, 2015.

Maddison, Angus, *The World Economy: A Millennial Perspective*, OECD, 2006.

_____, *Contours of the World Economy 1-2030 AD: Essays in Macro-economic History*, Oxford University Press, 2007.

Osterhammel, Jürgen and Patrick Camiller, *The Transformation of the World: A Global History of the Nineteenth Century*, Princeton University Press, 2015.

Parthasarathi, Prasannan, *Why Europe Grew Rich and Asia Did Not: Global Economic Divergence, 1600–1850*, Cambridge University Press, 2011.

Scarre, Chris ed., *The Human Past*, 2nd edn., Thames & Hudson, 2009.

Von Glahn, Richard, *The Economic History of China*, Cambridge University Press, 2016.

Williams, J., *Money: A History*, Palgrave, 1998.

I. 고대와 중세

01　진시황, 제국 체제의 씨앗을 뿌리다

뤼스하오 지음, 이지은 옮김, 『진시황 — 신화가 된 역사 그리고 진실』, 지식갤러리, 2015.

사마천 지음, 김원중 옮김, 『사기본기』, 민음사, 2015.

왕리췬 지음, 홍순도·홍관훈 옮김, 『진시황 강의』, 김영사, 2013 (원저: 王立群, 『王立群读史之秦始皇』, 广西师范大学出版社, 2008).

왕링옌·왕퉁 지음, 이서연 옮김, 『역사 속 경제 이야기』, 시그마북스, 2018.

이중톈 지음, 김택규 옮김, 『이중톈 중국사』 7권, 글항아리, 2015 (원저: 易中天, 『易中天中華史·第七卷:秦并天下』, 浙江文藝出版社, 2015).

장펀톈 지음, 이재훈 옮김, 『진시황 평전』, 글항아리, 2011 (원저: 張分田, 『秦始皇傳』, 臺灣商務, 2003).

Clements, Jonathan, *The First Emperor of China*, The History Press, 2006.

Lewis, Mark, *The Early Chinese Empires: Qin and Han*, Belknap Press, 2009.

Portal, Jane, *The First Emperor: China's Terra Cotta Army*, Harvard University Press, 2007.

Wood, Frances, *China's First Emperor and His Terracotta Warriors*, Macmillan Publishing, 2008.

02 이슬람의 팽창이 농업기술을 확산시키다

겐타로, 사토 지음, 서수지 옮김, 『세계사를 바꾼 10가지 약』, 사람과나무사이, 2018 (원저: 佐藤健太郎, 『世界史を変えた薬』, 講談社, 2015).

내셔널지오그래픽 지음, 이창우 옮김, 『1001가지 발명─이슬람 문명이 남긴 불후의 유산』, 지식갤러리, 2013 (원저: National Geographic, *1001 Inventions of the Muslim World*, National Geographic, 2012).

라즐로, 피에르 지음, 남기원 옮김, 『감귤 이야기』, 시공사, 2010 (원저: Pierre Laszlo, *Citrus: A History*, University of Chicago Press, 2007).

로스, 빌 지음, 서종기 옮김, 『식물, 역사를 뒤집다』, 예경, 2011 (원저: Bill Laws, *Fifty Plants that Changed the Course of History*, Firefly Books, 2011).

시비텔로, 린다 지음, 최정희·이영미·김소영 옮김, 『인류 역사에 담긴 음식문화 이야기』, 린, 2017 (원저: Linda Civitello, *Cuisine and Culture: A History of Food and People*, Wiley, 2011).

Bown, Stephen R., *Scurvy: How a Surgeon, a Mariner and a Gentleman Solved the Greatest Medical Mystery of the Age of Sail*, Viking, 2003.

Carpenter, Kenneth J., *The History of Scurvy and Vitamin C.*, Cambridge University Press, 1988.

Decker, Michael, 'Plants and Progress: Rethinking the Islamic Agricultural Revolution', *Journal of World History* 20, 2009.

Glick, Thomas, *Irrigation and Hydraulic Technology: Medieval Spain and its Legacy*, Varorium, 1996.

McClellan, James E. & Harold Dorn, *Science and Technology in World History*, 2nd edn., Johns Hopkins University Press, 2006.

Ruggles, D. Fairchild, *Islamic Gardens and Landscapes*, University of Pennsylvania Press, 2008.

Watson, Andrew, *Agricultural Innovation in the Early Islamic World*, Cambridge University Press, 2008(1983).

03 유럽 도시들, 무역허브 경쟁을 펼치다

김태훈, 『중세유럽 천년의 역사』, 살림, 2018.

남종국, 『지중해 교역은 유럽을 어떻게 바꾸었을까?』, 민음인, 2011.

남종국, 『이탈리아 상인의 위대한 도전』, 앨피, 2015.

아부 루고드, 재닛, 『유럽 패권 이전』, 까치, 2006 (원저: Janet L. Abu-Lughod, *Before Europe Hegemony: The World System A.D. 1250-1350*, Oxford University Press, 1991).

지로도, 알레산드로 지음, 송기형 옮김, 『철이 금보다 비쌌을 때』, 까치, 2016 (원저: Alessandro Giraudo, *Quand le fer coutait plus cher que l'or: 60 histoires pour comprendre l'economie mondiale*, Fayard, 2015).

최연수, 『세계사에서 경제를 배우다』, 살림, 2015.

치폴라, 카를로 마리아 지음, 김위선 옮김, 『중세 유럽의 상인들』, 길, 2013 (원저: Carlo Maria Cipolla, *Tre Storie Extra Vaganti*, Il Mulino, 2011).

Braudel, Fernand, *Civilization & Capitalism, 15–18th Centuries*, William Collins & Sons, 1984.

Cipolla, Carlo M., *Before the Industrial Revolution: European Society and Economy, 1000–1700*, 3rd edn., W. W. Norton & Company, 1994.

Edwards, Jeremy & Sheilagh Ogilvie, 'What lessons for economic development can we draw from the Champagne fairs?', *Explorations in Economic History* 49, 2012.

Hunt, Edwin S. & James M. Murray, *A History of Business in Medieval Europe, 1200-1550*, Cambridge university Press, 1999.

Weidhaas P. et al., *A History of the Frankfurt Book Fair*, Dundurn, 2007.

04 대중의 신앙심이 순례길을 완성하다

김진섭, 『중세 관광사』, 대왕사, 1999.

김창민, 『스페인 문화 순례』, 서울대학교출판문화원, 2013.

웨일링, 프랭크 지음, 김한영 옮김, 『종교—지도로 본 세계 종교의 역사』, 갑인공방, 2004 (원

저: Ninian Smart, Ailsa Heritage ed., *Atlas of the World's Religions*, Oxford University Press, 1999).

임영방, 『중세 미술과 도상』, 서울대학교출판부, 2006.

정수일, 『이슬람 문명』, 창비, 2002.

첸원중 지음, 임홍빈 옮김, 『현장 서유기』, 에버리치홀딩스, 2010 (원저: 錢文忠, 『玄奘西遊記』, 印刻, 2007).

Ashley, Kathleen & Marilyn Deegan, *Being a Pilgrim: Art and Ritual on the Medieval Routes to Santiago*, Lund Humphries, 2009.

Collins, Roger, *Early Medieval Spain*, St. Martin's Press, 1983.

Fletcher, R. A., *Saint James's Catapult : The Life and Times of Diego Gelmírez of Santiago de Compostela*, Clarendon Press, 1984.

Harpur, James, *The Pilgrim Journey: A History of Pilgrimage in the Western World*, BlueBridge, 2016.

Hopper, Sarah, *To Be a Pilgrim: The Medieval Pilgrimage Experience*, The History Press, 2002.

Turner, Victor et al., *Image and Pilgrimage in Christian Culture*, revised edn., Columbia University Press, 2011.

Webb, Diana, *Pilgrims and Pilgrimage in the Medieval West*, I.B. Tauris, 2001.

Whalen, Brett E., *Pilgrimage in the Middle Ages: A Reader*, University of Toronto Press, 2011.

05 화려한 색깔에 대한 욕망이 교역을 일으키다

가필드, 사이먼 지음, 공경희 옮김, 『모브』, 웅진닷컴, 2001 (원저: Simon Garfield, *Mauve: How One Man Invented a Colour That Changed the World*, W. W. Norton & Company, 2001).

그린필드, 에이미 버틀러 지음, 이강룡 옮김, 『퍼펙트 레드』, 바세, 2007 (원저: Amy Butler Greenfield, *A Perfect Red: Empire, Espionage, and the Quest for the Color of Desire*, Harper Perennial, 2006).

기포드, 클리브 지음, 이강희 옮김, 『색깔의 역사』, 노란돼지, 2018 (원저: Clive Gifford,

Marc-Etienne Peintre, *The Colors of History: How Colors Shaped the World*, QEB Publishing, 2018).

레비, 조엘 지음, 곽영직 옮김, 『숫자로 끝내는 화학 100』, 작은책방, 2016 (원저: Joel Levy, *Chemistry in 100 Numbers: A Numerical Guide to Facts, Formulas and Theories*, Apple Press, 2012).

맥그레인, 섀런 버트시 지음, 이충호 옮김, 『화학의 프로메테우스』, 가람기획, 2002 (원저: Sharon Bertsch McGrayne, *Prometheans in the Lab: Chemistry and the Making of the Modern World*, McGraw-Hill Companies, 2001).

버클로, 스파이크 지음, 이영기 옮김, 『빨강의 문화사』, 컬처룩, 2017 (원저: Spike Bucklow, *Red: The Art and Science of a Colour*, Reaktion Books, 2016).

송성수, 『기술의 프로메테우스』, 신원문화사, 2005.

호프만, 로얼드 지음, 이덕환 옮김, 『같기도 하고 아니 같기도 하고』 개역판, 까치, 2018 (원저: Roald Hoffmann, *The Same and Not The Same*, Columbia University Press, 1997).

Atkinson, Jo K. ed., *The Diversity of Dyes in History and Archaeology*, Archetype Books, 2017.

Chenciner, Robert, *Madder Red: A History of Luxury and Trade: Plant Dyes and Pigments in World Commerce and Art*, Curzon Press, 2000.

Edmunds, John, *Tyrian or Imperial Purple: The Mystery of Imperial Purple Dyes*, John Edwards, 2000.

Eisner, T., *For Love of Insects*, Belknap Press, 2003.

Phipps, E., *Cochineal Red: The Art History of a Color*, Metropolitan Museum of Art, 2010.

Radwin, G. E. & A. D'Attilio, *Murex Shells of the World*, Stanford University Press, 1986.

Travis, Anthony S. Travis, 'Perkin's mauve: ancestor of the organic chemical industry', *Technology and Culture* 31, 1990.

II 확장하는 세계

06   대항해시대를 선도할 기회를 중국이 놓치다

김성준, 『역사와 범선』, 교우미디어, 2015.

김수연, 「정화와 중국의 제국의식」, 『중국학보』 77, 2016.

마르크스, 로버트 B. 지음, 윤영호 옮김, 『어떻게 세계는 서양이 주도하게 되었는가해』, 사이, 2014 (원저: Robert B. Marks, *The Origins of the Modern World*, 2nd edn., Rowman & Littlefield Publishers, 2014).

마사카츠, 미야자키 지음, 이규조 옮김, 『정화의 남해 대원정』, 일빛, 1999 (원저: 宮崎正勝, 『鄭和の南海大遠征 — 永楽帝の世界秩序再編』, 中央公論社, 1997).

신웬어우 외 지음, 김성준·최운봉·허일 옮김, 『중국의 대항해자 정화의 배와 항해』, 심산, 2005.

요잉션 지음, 신혜옥·여창란 옮김, 『실크로드 — 오아시스 실크로드부터 해상 실크로드까지』, 국학자료원, 2019.

이은상, 『정화의 보물선』, 한국학술정보, 2014.

Bentley, Jerry H. & Herbert Ziegler, *Traditions and Encounters: A Global Perspective on the Past*, McGraw-Hill, 2007.

Church, Sally K., 'The giraffe of Bengal: a medieval encounter in Ming China', *Medieval History Journal* 7, 2004.

Deng, Gang, *Chinese Maritime Activities and Socioeconomic Development, C. 2100 BC–1900 AD*, Greenwood Publishing Group, 1997.

Tsai, Shih-Shan Henry, *Perpetual Happiness: The Ming Emperor Yongle*, University of Washington Press, 2002.

Watt, James C. Y., 'The giraffe as the mythical Qilin in Chinese art: a painting and a rank badge in the Metropolitan Museum', *Metropolitan Museum Journal* 43, 2008.

07   세계적 차원의 유전자 결합이 발생하다

김원중, 『대항해 시대의 마지막 승자는 누구인가?』, 민음인, 2010.

도요오, 다마무라 지음, 정수윤 옮김, 『세계 야채 여행기』, 정은문고, 2015 (원저: 玉村豊男, 『世界の野菜を旅する』, 講談社, 2010).

스탠디지, 톰 지음, 박중서 옮김, 『식량의 세계사』, 웅진지식하우스, 2012 (원저: Tom Standage, *An Edible History of Humanity*, Bloomsbury USA, 2010).

장항석, 『판데믹 히스토리』, 시대의창, 2018.

주경철, 『문명과 바다』, 산처럼, 2009.

크로스비, 앨프리드 W. 지음, 김기윤 옮김, 『콜럼버스가 바꾼 세계』, 지식의숲, 2006 (원저: Alfred W. Crosby, *The Columbian Exchange: Biological and Cultural Consequences of 1492*, Praeger, 2003).

페르난데스-아르메스토, 펠리페 지음, 유나영 옮김, 『음식의 세계사 여덟 번의 혁명』, 소와당, 2018 (원저: Felipe Fernández-Armesto, *Food: A History*, Macmillan Pub Co, 2002).

황상익, 『콜럼버스의 교환』, 을유문화사, 2014.

Cumo, Christopher, *The Ongoing Columbian Exchange*, ABC-CLIO, 2015.

Elliott, John H., *Empires of the Atlantic World*, Yale University Press, 2007.

Fritze, Ronald H., *New Worlds: The Great Voyages of Discovery, 1400-1600*, Praeger, 2003.

Mann, Charles, *1493: Uncovering the New World Columbus Created*, Vintage Books, 2011.

Mungello, D. E., *The Great Encounter of China and the West, 1500-1800*, 4th edn., Rowman & Littlefield Publishers, 2012.

Nunn, Nathan & Nancy Qian, 'The Columbian exchange: a history of disease, food, and ideas', *Journal of Economic Perspectives* 24, 2010.

08 커피, 차, 코코아가 경제 성장을 이끌다

나오코, 다케다 지음, 이지은 옮김, 『초콜릿 세계사』, 에이케이커뮤니케이션즈, 2017 (원저: 武田 子, 『チョコレートの世界史―近代ヨーロッパが磨き上げた褐色の宝石』, 中央公論新社, 2010).

로스, 빌 지음, 서종기 옮김, 『식물, 역사를 뒤집다』, 예경, 2011.

문갑순, 『사피엔스의 식탁』, 21세기북스, 2018.

야콥, 하인리히 에두아르트 지음, 남덕현 옮김, 『커피의 역사』, 자연과생태, 2013 (원저: Heinrich Eduard Jacob, *Kaffee: Die Biographie eines weltwirtschaftlichen Stoffes*, oekom verlag, 2006).

유키히로, 탄베 지음, 윤선해 옮김, 『커피 세계사』, 황소자리, 2018 (원저: 旦部幸博, 『珈琲の世界史』, 講談社, 2017).

호헤네거, 베아트리스 지음, 조미라·김라현 옮김, 『차의 세계사』, 열린세상, 2012 (원저: Beatrice Hohenegger, *Steeped in History: The Art of Tea*, Fowler Museum at UCLA, 2009).

Allen, Stewart Lee, *The Devil's Cup: Coffee, the Driving Force in History*, Soho Press, 1999.

Berg, Maxine and Elizabeth Eger, *Luxury in the Eighteenth Century*, Palgrave Macmillan, 2003.

Clarence-Smith, William Gervase, *Cocoa and Chocolate, 1765-1914*, Routledge, 2000.

Coe, Sophie D. & Michael D. Coe, *The True History of Chocolate*, Thames & Hudson, 2007.

Cowan, Brian, *The Social Life of Coffee: The Emergence of the British Coffeehouse*, Yale University Press, 2005.

De Vries, Jan, *The Industrious Revolution*, Cambridge University Press, 2008.

Kiple, Kenneth F. & Kriemhild Coneè Oyurnelas, *The Cambridge World History of Food*, Cambridge University Press, 2000.

Standage, Tom, *A History of the World in Six Glasses*, Walker & Company, 2006.

Wild, Antony, *Coffee, a Dark History*, W. W. Norton & Company, 2004.

09   쌍둥이 금융거품, 세계 경제를 뒤흔들다

가버, 피터 지음, 이용우 옮김, 『버블의 탄생』, 아르케, 2011 (원저: Peter Garber, *Famous First Bubbles: The Fundamentals of Early Manias*, The MIT Press, 2001).

미클스웨이트, 존·에이드리언 울드리지 지음, 유경찬 옮김, 『기업, 인류 최고의 발명품』, 을유

문화사, 2011 (원저: John Micklethwait & Adrian Wooldridge, *The Company: A Short History of a Revolutionary Idea*, Modern Library, 2003).

브라운베르거, 게랄트·베네딕트 페르 지음, 오승구 옮김, 『경제위기의 패턴』, 웅진윙스, 2009 (원저: Gerald Braunberger & Benedikt Fehr, *Crash: Finanzkrisen gestern und heute*, Frankfurter Allgemeine Buch, 2008).

송병건, 「남해회사 거품(South Sea Bubble)을 위한 변명」, 『영국연구』 29, 2013.

주경철, 『주경철의 유럽인 이야기』 2권, 휴머니스트, 2017.

차현진, 『금융 오디세이』, 인물과사상사, 2013.

천위루·양천 지음, 하진이 옮김, 『금융으로 본 세계사』, 시그마북스, 2014 (원저: 陳雨露·杨栋, 『世界是部金融史』, 中華書局(香港)有限公司, 2012).

챈슬러, 에드워드 지음, 강남규 옮김, 『금융투기의 역사』, 국일증권경제연구소, 2001 (원저: Edward Chancellor, *Devil Take the Hindmost: A History of Financial Speculation*, Plume, 2000).

킨들버거, 찰스 P.·로버트 Z. 알리버 지음, 김홍식 옮김, 『광기, 패닉, 붕괴 — 금융위기의 역사』, 굿모닝북스, 2006 (원저: Charles P. Kindleberger, *Manias, Panics and Crashes: A History of Financial Crisis*, Wiley, 1996).

Backhosue, Roger, *Economists and the Economy: The Evolution of Economic Ideas*, Transaction Publishers, 1994.

Balen, Malcolm, *The King, the Crook, and the Gambler*, Harper Perennial, 2004.

Dale, Richard, *The First Crash: Lessons from the South Sea Bubble*, Princeton University Press, 2004.

Paul, Helen Julia, *The South Sea Bubble: An Economic History of Its Origins and Consequences*, Routledge, 2010.

Sheeran, Paul & Amber Spain, *The International Political Economy of Investment Bubbles*, Ashgate Publishing, 2004.

Vogel, harold L., *Financial Market Bubbles and Crashes*, Cambridge University Press, 2009.

김성준, 『유럽의 대항해시대』, 문현, 2019.

스튜어드, 마크·앨런 그린우드 지음, 박준형 옮김, 『세상을 바꾼 위대한 탐험 50』, 예문아카이브, 2018 (원저: Mark Steward & Alan Greenwood, *Great Expeditions: 50 Journeys that Changed Our World*, Collins, 2016).

앵베르, 베르트랑 지음, 권재우 옮김, 『극지방을 향한 대도전』, 시공사, 1995 (원저: Bertrand Imbert, *North Pole, South Pole: Journeys to the Ends of the Earth*, Thames and Hudson Ltd, 1992).

이병철, 『세계 탐험사 100장면』, 가람기획, 2002.

카이, 베른하르트 지음, 박계수 옮김, 『항해의 역사』, 북폴리오, 2006 (원저: Bernhard Kay, *Ans Ende der Welt und daruber hinaus*, Lübbe, 2001).

클랜시, 로버트 외 지음, 이미숙 옮김, 『위대한 탐험가들의 탐험 이야기』, 시그마북스, 2012 (원저: Robert Clancy et al., *The Illustrated Atlas of the Exploration*, Metro Books, 2011).

테니슨, 로빈 핸버리 지음, 남경태 옮김, 『역사상 가장 위대한 70가지 여행』, 역사의아침, 2009 (원저: Robin Hanbury-Tenison, *The Seventy Great Journeys In History*, Thames & Hudson, 2006).

Bown, Stephen R., *The Last Viking: the Life of Roald Amunsen*, De Capo Press, 2013.

Hern, Frances, *Arctic Explorers*, Heritage House, 2011.

Huntford, Roland, *The Last Place on Earth*, Modern Library, 1999.

Leslie, Alexander, *The Arctic Voyages of Adolf Erik Nordenskiöld, 1858-1879*, Cambridge University Press, 2011.

Nurminen, Juha & Matti Lainema, *A History of Arctic Exploration*, Conway, 2010.

Rees, Jasper, *Blizzard: Race to the Pole*, BBC Digital, 2011.

Struzik, Edward & Mike Beedell, *Northwest Passage: The Quest for an Arctic Route to the East*, Key Porter Books, 1991.

Van Campen, Samuel Richard, *The Dutch in the Arctic Seas*, Cambridge University Press, 2013.

랑부르, 파트릭 지음, 김옥진·박유형 옮김, 『프랑스 미식과 요리의 역사』, 경북대학교출판부, 2017 (원저: Patrick Rambourg, *Histoire de la cuisine et de la gastronomie françaises*, Tempus Perrin, 2010).

르벨, 장 프랑수아 지음, 한선혜 옮김, 『뛰어난 맛과 요리솜씨의 역사』, 에디터, 2004 (원저: Jean-François Revel, *Un festin en paroles*, Hachette Littérature, 1975).

시비텔로, 린다 지음, 최정희·이영미·김소영 옮김, 『인류 역사에 담긴 음식문화 이야기』, 린, 2017 (원저: Linda Civitello, *Cuisine and Culture: A History of Food and People*, John Wiley & Sons, 2011).

야스오, 쓰지하라 지음, 이정환 옮김, 『음식, 그 상식을 뒤엎는 역사』, 창해, 2002 (원저: 辻原康夫, 『世界地圖から食の歷史を讀む方法』, 河出書房新社, 2002).

Downie, David, *A Taste of Paris: A History of the Parisien Love Affair with Food*, St Mstin's Press, 2017.

Escoffier, Georges Auguste, *Escoffier: The Complete Guide to the Art of Modern Cookery*, John Wiley & Sons, 2002.

Ferguson, Priscilla P., *Accounting for Taste: The Triumph of French Cuisine*, University of Chicago Press, 2004.

Freeman, Paul, *Food: The History of Taste*, University of California Press, 2007.

Hewitt, Nicholas, *The Cambridge Companion to Modern French Culture*, Cambridge University Press, 2003.

Pinkard, Susan, *A Revolution in Taste*, Cambridge University Press, 2010.

Spang, Rebecca L., *The Invention of the Restaurant*, Harvard University Press, 2001.

Wheaton, Barbara Ketcham, *Savoring the Past: The French Kitchen and Table from 1300 to 1789*, First Touchstone, 1996.

III 산업사회의 형성

12 주술적인 비법이 근대 과학의 초석이 되다

곽영직, 『세상을 바꾼 열 가지 과학혁명』, 한길사, 2009.

메클렐란 3세, 제임스 E. · 해럴드 도튼 지음, 전대호 옮김, 『과학과 기술로 본 세계사 강의』, 모티브북, 2006 (원저: James E. III McClellan, *Science and Technology in World History*, Johns Hopkins Univ Press, 1999).

제이크먼, 제인 지음, 이근영 옮김, 『30분에 읽는 뉴턴』, 랜덤하우스코리아, 2005 (원저: Jane Jakeman, *Newton: A Beginner's Guide*, Hodder & Stoughton, 2001).

주명철, 『오늘 만나는 프랑스 혁명』, 소나무, 2013.

쿠더트, 앨리슨 지음, 박진희 옮김, 『연금술 이야기』, 민음사, 1998 (원저: Allison Coudert, *Alchemy: The Philosopher's Stone*, Shambhala, 1980).

타쿠미, 쿠사노 지음, 주 코트랜스 인터내셔널 옮김, 『도해 연금술』, 에이케이커뮤니케이션즈, 2010 (원저: 草野巧, 『図解 錬金術』, 新紀元社, 2006).

Dobbs, Betty Jo Teeter, *The Foundations of Newton's Alchemy*, Cambridge University Press, 1983.

Iliffe, Rob, *Priest of Nature: The Religious Worlds of Isaac Newton*, Oxford University Press, 2017.

Kripal, Jeffrey John & Glenn W. Shuck, *On the Edge of the Future*, Indiana University Press, 2005.

Maxwell-Stuart, P. G., *The Chemical Choir: A History of Alchemy*, Continuum, 2012.

Linden, Stanton J., *The Alchemy Reader: From hermes Trismegistus to Issac Newton*, Cambridge University Press, 2003.

Principe, Lawrence M., *The Secrets of Alchemy*, University of Chicago Press, 2015.

Roob, Alexander, *Alchemy and Mysticism*, Taschen, 2014.

Newman, William R. et al., *Secrets of Nature: Astrology and Alchemy in Modern Europe*, MIT Press, 2006.

White, Michael, *Isaac Newton: The Last Sorcerer*, Basic Books, 1997.

13 공부 반 유흥 반, 엘리트 수학여행을 떠나다

설혜심, 『그랜드 투어』, 웅진지식하우스, 2013.

스미스, 아담 지음, 김수행 옮김, 『국부론 상·하』, 비봉출판사, 2007 (원저: Adam Smith, *An Inquiry into the Nature and Causes of the Wealth of Nations*, University of Chicago Press, 1977).

아츠시, 오카다 지음, 윤철규 옮김, 『이탈리아 그랜드 투어』, 이다미디어, 2014 (원저: 岡田温司, 『グランドツアー―18世紀イタリアへの旅』, 岩波書店, 2010).

조문환, 『괴테를 따라 이탈리아·로마 인문기행』, 운곡서원, 2018.

폰 괴테, 요한 볼프강 지음, 안인희 옮김, 『이탈리아 여행』, 지식향연, 2016 (원저: Johann Wolfgang von Goethe, *Italienische Reise*, Stiebner, 1999).

Black, Jeremy, *British Abroad: The Grand Tour in the Eighteenth Century*, Sutton Publishing, 1997.

Chaney, Edward, *The Evolution of the Grand Tour*, Routledge, 1998.

Chard, Chloe, *Pleasure and Guilt on the Grand Tour*, Manchester University Press, 1999.

Gosch, Stephen, *Premodern Travel in World History*, Routledge, 2007.

Sweet, Rosemary, *Cities and the Grand Tour*, Cambridge University Press, 2012.

Tower, J., *An Historical Geography of Recreation and Tourism in the Western World: 1540-1940*, John Wiley & Sons, 1997.

Treadwell, Penelope, *Johan Zoffany: Artist and Adventurer*, Paul Holberton Publishing, 2009.

Whithey, Lynne, *Grand Tours and Cook's Tours*, Milliam Morrow, 1997.

Zielow, Eric G., *A History of Modern Tourism*, Palgrave, 2016.

14 범 유럽적 집단지성이 성과를 거두다

모키르, 조엘 지음, 김민주·이엽 옮김, 『성장의 문화』, 에코리브르, 2018 (원저: Joel Mokyr, *A Culture of Growth: The Origins of the Modern Economy*, Princeton University Press, 2016).

미사, 토머스 지음, 소하영 옮김, 『다빈치에서 인터넷까지』, 글램북스, 2015 (원저: Thomas J. Misa, *Leonardo to the Internet: Technology and Culture from the Renaissance to the Present*, Johns Hopkins University Press, 2011).

버크, 피터 지음, 박광식 옮김, 『지식의 사회사 1, 2』, 민음사, 2017 (원저: Peter Burke, *A Social History of Knowledge*, Polity Press, 2000).

송병건, 「산업혁명 시기 영국 기술선도의 요인」, 『경제사학』 62, 2016.

_____, 『지식혁명으로 다시 읽는 산업혁명』, 해남, 2018.

이영석, 『영국사 깊이 읽기』, 푸른역사, 2016.

장병주 외, 『문명으로 본 과학과 기술의 역사』, 동명사, 2014.

토오루, 히로시게 지음, 남도현 옮김, 『사상사 속의 과학』, 다우, 2003 (원저: 伊東俊太郎 外, 『思想史のなかの科学』, 平凡社, 2002).

핸킨스, 토머스 지음, 양유성 옮김, 『과학과 계몽주의』, 글항아리, 2011 (원저: Thomas L. Hankins, *Science and the Enlightenment*, Cambridge University Press, 1985).

헤리엇, 커크 지음, 정기문 옮김, 『지식의 재발견』, 이마고, 2009 (원저: Kirk Heriot, *Who We Are: A Chronicle of the Ideas That Shaped Our World*, Lost Coast Press, 2000).

Allen, Robert C., *The British Industrial Revolution in Global Perspective*, Cambridge University Press, 2009.

Friedel, Robert, *A Culture of Improvement: Technology and the Western Millennium*, MIT Press, 2010.

Gottlieb, Anthony, *The Dream of Enlightenment: The Rise of Modern Philosophy*, Liveright, 2017.

Jacob, M. C., *Scientific Culture and the Making of the Industrial West*, 2nd edn., Oxford University Press, 1997.

Jones, Peter M., *Industrial Enlightenment*, Manchester University Press, 2013.

McCloskey, Deirdre, *The Bourgeois Virtues*, University of Chicago Press, 2007.

Mokyr, Joel, *The Gifts of Athena: Historical Origins of the Knowledge Economy*, Princeton University Press, 2002.

_____, *The Enlightened Economy: An Economic History of Britain 1700-1850*, Yale University Press, 2009.

15 특허가 혁신을 촉진하기도, 방해하기도 하다

로젠, 윌리엄 지음, 엄자현 옮김, 『역사를 만든 위대한 아이디어』, 21세기북스, 2011 (원저: William Rosen, *The Most Powerful Idea In The World: A Story of Steam, Industry and Invention*, Random House, 2010).

송병건, 『지식혁명으로 다시 읽는 산업혁명』, 해남, 2018.

송성수, 『발명과 혁신으로 읽는 하루 10분 세계사』, 생각의힘, 2018.

정병일, 『과학기술과 지식재산』, 카오스북, 2013.

특허청 한국발명진흥회, 『지식재산의 이해』, 박문각, 2018.

홍정표, 『발명과 특허』, 인피니티북스, 2018.

Beauchamp, Christopher, *Invented by Law: Alexander Graham Bell and the Patent That Changed America*, Harvard University Press, 2015.

Boldrin, M. & D. K. Levine, 'The case against patents', *Journal of Economic Perspectives* 27, 2013.

Bottomley, Sean, *The British Patent System during the Industrial Revolution 1700-1852*, Cambridge University Press, 2014.

Johns, Adrian, *Pricy: The Intellectual Property Wars from Gutenberg to Gates*, University of Chicago Press, 2010.

Lienhard, John H., *The Engines of Our Ingenuity*, Oxford University Press, 2003.

MacLeod, Christine, *Inventing the Industrial Revolution: The English Patent System, 1660-1800*, Cambridge University Press, 1988.

Pursell, Carroll et al., *Technology in America: A History of Individuals and Ideas*, 3rd edn., MIT Press, 2018.

Watkins, William J. & William F. Shughart II, *Patent Trolls: Predatory Litigation and the Smothering of Innovation*, Independent Institute, 2014.

16 독일, 공업화에 빠르게 성공하다

김종현, 『경영사 — 근대 기업발전의 국제 비교』, 서울대학교출판문화원, 2015.

양동휴, 『양동휴의 경제사 산책』, 일조각, 2007.

이민호, 『새 독일사』, 까치, 2003.

이헌대, 「독일 산업혁명의 재조명」, 『경상논총』 32, 2014.

슐체, 하겐 지음, 반성완 옮김, 『새로 쓴 독일 역사』, 지와사랑, 2011 (원저: Hagen Schulze, *Kleine deutsche Geschichte*, Deutscher Taschenbuch Verlag GmbH & Co., 2001).

키친, 마틴 지음, 유정희 옮김, 『사진과 그림으로 보는 케임브리지 독일사』, 시공사, 2011 (원저: Martin Kitchen, *The Cambridge Illustrated History of Germany*, Cambridge University Press, 1996).

Chandler, Alfred D., *Scale and Scope: The Dynamics of Industrial Capitalism*, Belknap Press, 1994.

Clark, Christopher, *Iron Kingdom: The Rise and Downfall of Prussia, 1600-1947*, Belknap Press, 2009.

Gerschenkron, Alexander, *Economic Backwardness in Historical Perspective*, Belknap Press, 1962.

Harold, James, *Krupp: A History of the Legendary German Firm*, Princeton University Press, 2012.

Milward, Alan & S. B. Saul, *The Development of the Economies of Continental Europe 1850-1914*, Routledge, 2012.

Pierenkemper, Toni, *German Economy During the Nineteenth Century*, Berghahn Books, 2004.

Price, Arnold H., *The Evolution of the Zollverein*, University of Michigan Press, 1949.

Serra, Narcis & Joseph E. Stiglitz ed., *The Washington Consensus Reconsidered*, Oxford University Press, 2008.

IV 세계화의 시대

17 거친 죄수들이 풍요의 국가를 건설하다

이민경, 「영제국 식민지 초기 오스트레일리아 원주민과 영국인 정착민―바바라 다우슨의 『구경꾼의 눈으로』를 중심으로」, 『영국연구』 35, 2016.

클라크, F. G. 지음, 임찬빈 옮김, 『호주의 역사』, 나남, 1995 (원저: F. G. Clarke, *Australia: A Concise Political and Social History*, Harcourt Brace Jovanovich, 1992).

Ash, Samuel, *Australia History*, Sonit Education Academy, 2016.

Frame, William & Laura Walker, *James Cook: The Voyages*, McGill-Queen's University Press, 2018.

Frost, Alan, *The First Fleet: The Real Story*, Black Inc., 2011.

Hughes, Robert, *The Fatal Shore*, Vintage, 2012.

Jackson, Ashley, *The British Empire: A Very Short Introduction*, Oxford University Press, 2013.

Macintyre, Start, *A Concise History of Australia*, Cambridge University Press, 2016.

McLean, Ian W., *Why Australia Prospered*, Princeton University Press, 2012.

Morgan, Kenneth, *Australia: A Very Short Introduction*, Oxford University Press, 2012.

Mundle, Rob, *The First Fleet*, ABC Books, 2014.

Peel, Mark & Christina Twomey, *A History of Australia*, 2nd edn., Red Globe Press, 2017.

Reynolds, H., *The Other Side of the Frontier: Aboriginal Resistance to the European Invasion of Australia*, University of New South wales Press, 2006.

_____ , *A History of Tasmania*, Cambridge University Press, 2012.

18   태평양 섬에 쌓인 새똥, 세계적 인기상품이 되다

김동암, 『사료작물』, 선진문화사, 1998.

디프리스, 루스 지음, 정서진 옮김, 『문명과 식량』, 눌와, 2018 (원저: Ruth DeFries, *The Big Ratchet: How Humanity Thrives in the Face of Natural Crisis*, Basic Books, 2014).

송만강, 『바이오농업은 제2의 녹색혁명인가』, 지성사, 2005.

송병건, 「농업혁명, 의회 인클로저와 농촌사회의 변화, 1750-1850년」, 『영국연구』 23, 2010.

울프, 안드레아 지음, 양병찬 옮김, 『자연의 발명』, 생각의힘, 2016 (원저: Andrea Wulf, *The Invention of Nature: Alexander von Humboldt's New World*, Vintage Books,

2016).

쿨케, 올리 지음, 최윤영 옮김, 『훔볼트의 대륙』, 을유문화사, 2014 (원저: Ulli Kulke, *Alexander von Humboldt: Reise nach Südamerika*, Frederking & Thaler, 2010).

헤이거, 토머스 지음, 홍경탁 옮김, 『공기의 연금술』, 반니, 2015 (원저: Thomas Hager, *The Alchemy of Air*, Broadway Books, 2009).

홈스, 캐롤라인 지음, 박웅희 옮김, 『똥』, 황금나침반, 2007 (원저: Caroline Holmes, *The not so Little Book of Dung*, Sutton Pub Ltd, 2006).

Cushman, Gregory T., *Guano and the Opening of the Pacific World*, Cambridge University Press, 2013.

Esposito, Gabriele, *The War of the Pacific*, Winged Hussar Publishing, 2018.

Herren, R. V., *Introduction to Biotechnology: An Agricultural Revolution*, 2nd edn., Cengage, 2013.

Hollett, David, *More Precious Than Gold: The Story of the Peruvian Guano Trade*, Fairleigh Dickinson University Press, 2008.

Igler, David, *The Great Ocean: Pacific Worlds from Captain Cook to the Gold Rush*, Oxford University Press, 2013.

Jain, H. K., *The Green Revolution: History, Impact and Future*, Studium Press, 2010.

Nesbit, J. C., *On Peruvian Guano: Its History, Composition and Fertilizing Qualities*, 11th edn., Leopard Classic Library, 2017.

Skaggs, Jimmy, *The Great Guano Rush*, Palgrave Macmillan, 1995.

Zimdahl, Robert, *Six Chemicals That Changed Agriculture*, Academic press, 2015.

19 지상 최대의 체제 실험, 결국 실패로 끝나다

곤살레스, 마이크 외 지음, 이수현 옮김, 『처음 만나는 혁명가들』, 책갈피, 2015.

박노자, 『러시아 혁명사 강의』, 나무연필, 2017.

서비스, 로버트 지음, 김남섭 옮김, 『레닌』, 교양인, 2017 (원저: Robert Service, *Lenin: A Biography*, Belknap Press, 2000).

_____, 양현수 옮김, 『트로츠키』, 교양인, 2014 (원저: Robert Service, *Trotsky: A Biography*, Belknap Press, 2009).

스미스, 스티븐 A. 지음, 류한수 옮김, 『러시아 혁명』, 박종철출판사, 2007 (원저: S. A. Smith, *The Russian Revolution: A Very Short Introduction*, Oxford University Press, 2002).

이재영, 『러시아 경제사』, 한길사, 2006.

이진숙, 『러시아 미술사』, 민음인, 2007.

지젝, 슬라보예 지음, 정영목 옮김, 『레닌의 유산』, 생각의힘, 2017 (원저: Slavoj Zizek, *Revolution at the Gates: Zizek on Lenin, the 1917 Writings*, Verso Books, 2004).

카, E. H. 지음, 유강은 옮김, 『E. H. 카 러시아 혁명 1917-1929』, 이데아, 2017 (원저: E. H. Carr, *The Russian Revolution from Lenin to Stalin, 1917-1929*, 2nd ed., Palgrave Macmillan, 2003).

파이지스, 올랜도 지음, 조준래 옮김, 『혁명의 러시아 1891-1991』, 어크로스, 2017 (원저: Orlando Figes, *Revolutionary Russia, 1891-1991*, Pelican, 2014).

Engelstein, Laura, *Russia in Flames: War, Revolution, Civil War, 1914-1921*, Oxford University Press, 2017.

Fineman, Mia, *Faking It: Manipulated Photography Before Photoshop*, Metropolitan Museum of Art, New York, 2012.

Fitzpatrick, Sheila, *The Russian Revolution*, 4th edn., Oxford University Press, 2017.

King, David, *The Commissar Vanishes: The Falsification of Photographs and Art in Stalin's Russia*, Metropolitan Books, 1997.

McMeekin, Sean, *The Russian Revolution: A New History*, Basic Books, 2017.

Pipes, Richard, *The Russian Revolution*, Vintage, 2011.

Sidlina, Natalia & Matthew Gale eds., *Red Star Over Russia: Revolution in Visual Culture 1905-55*, Tate, 2018.

Smith, S. A., *The Russian Revolution: A Very Short Introduction*, Oxford University Press, 2002.

Stites, Richard, *Revolutionary Dreams*, Oxford University Press, 1989.

20   참새를 잡으려다 그만 사람을 잡다

도루, 구보 지음, 강진아 옮김, 『중국근현대사 4』, 삼천리, 2013 (원저: 久保亨, 『シリーズ 中國近

現代史 4 — 社會主義への挑戰 1945~1971』, 岩波書店, 2011).

디쾨터, 프랑크 지음, 최파일 옮김, 『마오의 대기근』, 열린책들, 2017 (원저: Frank Dikötter, *Mao's Great Famine: The History of China's Most Devastating Catastrophe, 1958-62*, Bloomsbury Publishing PLC, 2017).

마이스너, 모리스 지음, 김수영 옮김, 『마오의 중국과 그 이후 1』, 이산, 2004 (원저: Maurice Meisner, *Mao's China and After: A History of the People's Republic*, Free Press, 1999).

박한제 외, 『아틀라스 중국사』, 사계절, 2015.

쇼트, 필립 지음, 양현수 옮김, 『마오쩌둥 1, 2』, 교양인, 2019 (원저: Philip Short, *Mao: The Man Who Made China*, I.B. Tauris, 2017).

페어뱅크, 존 K. 지음, 김형종 옮김, 『신중국사』, 까치, 2005 (원저: John King Fairbank, *China: A New History*, Belknap Press, 1994).

Chan, Alfred L., *Mao's Crusade: Politics and Policy Implementation in China's Great Leap Forward*, Oxford University Press, 2001.

Macfarquhar, Roderick, *Origins of the Cultural Revolution, Vol 2*, Oxford University Press, 1983.

Shapiro, Judith Rae, *Mao's War Against Nature: Politics and the Environment in Revolutionary China*, Cambridge University Press, 2001.

Summers-Smith, Denis, *In Search of Sparrows*, Poyser, 2010.

Thaxton, Ralph A. Jr, *Catastrophe and Contention in Rural China*, Cambridge University Press, 2008.

Wagner, Donald B., *Background to the Great Leap Forward in Iron and Steel*, University of Copenhagen, 2011.

Yang, Dali, *Calamity and Reform in China*, Stanford University Press, 1996.

21   무분별한 개발이 인간의 생명을 위협하다

김동환, 『오늘도 미세먼지 나쁨』, 휴머니스트, 2018.

김정규, 『역사로 보는 환경』, 고려대학교출판부, 2009.

데이비스, 데브라 지음, 김승욱 옮김, 『대기오염, 그 죽음의 그림자』, 에코리브르, 2004 (원저:

Devra Davis, *When Smoke Ran Like Water: Tales Of Environmental Deception And The Battle Against Pollution*, Basic Books, 2003).

맥닐, J. R. 지음, 홍욱희 옮김, 『20세기 환경의 역사』, 에코리브르, 2008 (원저: J. R. McNeill, *Something New Under the Sun: An Environmental History of the Twentieth-Century World*, W. W. Norton & Company, 2001).

이동근·김둘선, 『환경오염과 지구』, 경상대학교출판부, 2017.

이병학 외, 『새로운 환경과 공해』, 신광문화사, 2007.

포스터, 존 벨라미 지음, 김현구 옮김, 『환경과 경제의 작은 역사』, 현실문화연구, 2001 (원저: John Bellamy Foster, *The Vulnerable Planet: A Short Economic History of the Environment*, Monthly Review Press, 1999).

현상민·강정원, 『미세먼지 과학』, 씨아이알, 2017.

Beasley, Brett, 'Bad air: pollution, sin, and science fiction in William Delisle Hay's *The Doom of the Great City*(1880)', *Public Domain Review* 5, 2015.

Brimblecombe, Peter, *A History of Air Pollution in London Since Medieval Times*, Routledge, 2012.

Dawson, Kate W., *Death in the Air*, Hachette Books, 2017.

Gardiner, Beth, *Choked: Life and Breath in the Age of Air Pollution*, University of Chicago Press, 2019.

Gonzalez, George A., *The Politics of Air Pollution: Urban Growth, Ecological Modernization, and Symbolic Inclusion*, SUNY Press, 2012.

Thorsheim, Peter, *Inventing Pollution: Coal, Smoke, and Culture in Britain since 1800*, Ohio University Press, 2018.

Vallero, Daniel A., *Fundamentals of Air Pollution*, 5th edn., Academic Press, 2014.

22 허구 전통이 진짜 전통으로 발전하다

박노자 외, 『전통―근대가 만들어낸 또 하나의 권력』, 인물과사상사, 2010.

스와들링, 주디스 지음, 김병화 옮김, 『올림픽 2780년의 역사』, 효형출판, 2004 (원저: Judith Swadding, *The Ancient Olympic Games*, University of Texas Press, 1980).

윤민희, 「다문화시대의 디자인의 문화적 정체성과 보편성의 표현에 관한 연구―올림픽 포스터를 중심으로」,『한국디자인문화학회지』19, 2013.

하남길 외,『체육과 스포츠의 역사』, 경상대학교출판부, 2016.

홈스봄, 에릭 지음, 박지향 외 옮김,『만들어진 전통』, 휴머니스트, 2004 (원저: Eric Hobsbawm, *The Invention of Tradition*, Cambridge University Press, 1983).

황의룡,「초대 근대올림픽의 역사사회학적 재조명 — 홉스봄의 만들어진 전통을 토대로」,『한국체육과학회지』17, 2008.

Goldblatt, David, *The Games: A Global History of the Olympics*, W. W. Norton & Company, 2018.

Guttmann, Allen, *The Olympics: A History of the Modern Games*, 2nd edn., University of Illinois Press, 2002.

Lewis, James R. & Olav Hammer eds., *The Invention of Sacred Tradition*, Cambridge University Press, 2007.

Masuzawa, Tomoko, *The Invention of World Religions*, Chicago University of Chicago Press, 2005.

Perrottet, Tony, *The Naked Olympics: The True Story of the Ancient Games*, Random House Trade Paperbacks, 2004.

Sievers, Marco, *The Highland Myth as an Invented Tradition of 18th and 19th Century and Its Significance for the Image of Scotland*, GRIN Publishing, 2007.

Timmers, Margaret, *A Century of Olympic Posters*, V & A publishing, 2008.

Vlastos, Stephen ed., *Mirror of Modernity: Invented Traditions of Modern Japan*, University of California Press, 1998.

세계화의 단서들

경제학자가 그림으로 읽어낸 인류의 경제 문화사

© 송병건 2019

1판 1쇄	2019년 5월 29일
1판 3쇄	2024년 3월 14일

지은이	송병건
펴낸이	김소영
책임편집	임윤정 신귀영
디자인	최윤미
마케팅	정민호 박치우 한민아 이민경 박진희 정유선 황승현
제작처	한영문화사

펴낸곳	(주)아트북스
출판등록	2001년 5월 18일 제406-2003-057호
주소	10881 경기도 파주시 회동길 210
대표전화	031-955-8888
문의전화	031-955-7977(편집부) 031-955-2689(마케팅)
팩스	031-955-8855
전자우편	artbooks21@naver.com
인스타그램	@artbooks.pub
트위터	@artbooks21

ISBN 978-89-6196-352-7 03900